13 CLÉS DU SUCCÈS DES ENTREPRISES

Meilleures stratégies pour réussir en affaires

PAR LE PROPHÈTE TAYO DEMOLA

Edité par Tadray Concept Publishers

Éditeurs et éditeurs de livres professionnels

Lagos, Nigéria

Citations bibliques : Toutes les citations bibliques sont tirées de la nouvelle version King James de la Sainte Bible.

Publié pour la première fois en mai 2021 par Tadray Concept Publishers

Copyright © Prophète Tayo Demola Mai 2021

Les droits littéraires de l'auteur ont été revendiqués.

Tous les droits sont réservés.

Aucune partie de cette publication ne peut être reproduite ou transmise par quelque moyen que ce soit, sans l'autorisation écrite préalable formelle de l'auteur.

Demandes :
Toutes les demandes doivent être adressées aux éditeurs :
Éditeurs Tadray Concept
Éditeurs et éditeurs de livres professionnels
Lagos, Nigéria
Tél : +2348039158449,
+2348039158449.
Courriel : professionaleditors47@gmail.com

CONTENU

Dévouement

Préface

CHAPITRE 1

Bon produit ou service

Prière pour arrêter la pollution spirituelle dans votre entreprise
Écritures pour la méditation

CHAPITRE 2

Promotions et publicité cohérentes
Prière pour vous annoncer au monde et pour l'élévation de votre entreprise
Écritures pour la méditation

CHAPITRE 3

Bon investissement financier dans les promotions
Prière pour une faveur financière pour développer votre entreprise
Écritures pour la méditation

CHAPITRE 4

Longue période de promotions
Prière pour la guérison et la délivrance de votre vie et de votre famille
Écritures pour la méditation

CHAPITRE 5

Avoir plusieurs produits ou services
Prière de transmission pour recevoir des idées commerciales uniques
Écritures pour la méditation

CHAPITRE 6

Une image de marque appropriée
Conseils pour une image de marque appropriée
Prière pour la grâce surnaturelle de servir Dieu dans votre entreprise
Écritures pour la méditation

CHAPITRE 7

Bon service client

Pourquoi de nombreuses entreprises s'effondrent

Prières pour annuler les erreurs passées qui veulent faire planter votre entreprise

Écritures à lire régulièrement pour réussir en affaires

Écritures pour la méditation

CHAPITRE 8
Bon système de prix
Prières de délivrance contre la cupidité et la convoitise
Écritures pour la méditation

CHAPITRE 9
Étudier vos clients
Conseils sur les enquêtes auprès des entreprises et des clients
Prières pour la faveur et l'abondance surnaturelles
Écritures pour la méditation

CHAPITRE 10
Promotions de course et remise de bonus
Conseils pour organiser des promotions et offrir des cadeaux
Prières pour amener de bons clients
Écritures pour la méditation

CHAPITRE 11
Une bonne communication avec vos clients
Conseils pour maintenir la communication avec vos clients
Prière pour une faveur financière, des cieux ouverts et une percée financière dans votre entreprise
Écritures pour la méditation

CHAPITRE 12
Pourquoi la patience est vitale
Prières pour briser les sorts démoniaques, les jougs démoniaques et les malédictions démoniaques sur votre entreprise et vos finances
Écritures pour la méditation

CHAPITRE 13

Pourquoi avez-vous besoin d'un gestionnaire de médias sociaux

Stratégies de gestion des médias sociaux

Responsabilités du gestionnaire des médias sociaux

Mes prières pour vous sur vos employés

Écritures pour la méditation

CHAPITRE 14

Épilogue : Votre entreprise réussira

Prières de délivrance et de percée pour votre entreprise

CHAPITRE 15

Quel est ton espoir d'éternité ?

CHAPITRE 16

25 Psaumes miraculeux

CHAPITRE 17

Ma lettre aux parents

Consultation, conseil et prières

Partenaire avec moi

Veuillez déposer un avis

A propos de l'auteur

DÉVOUEMENT

A tous les entrepreneurs du monde entier.

A tous les entrepreneurs du monde entier.

Le Seigneur bénira votre entreprise et vous élèvera au-delà de votre imagination au nom de Jésus. Amen.

À tous les gens d'affaires, où que vous soyez.

A toute personne qui lutte pour vivre de son entreprise.

Le bon Dieu ne vous laissera jamais tomber au nom de Jésus. Amen.

Le Seigneur vous comblera de ses miséricordes infinies et de sa faveur surnaturelle au nom de Jésus. Amen.

Le Seigneur vous bénira avec une percée financière et une abondance financière au nom de Jésus. Amen.

La paix du Seigneur soit avec vous au nom de Jésus. Amen.

PRÉFACE

Pourquoi de nombreuses entreprises s'effondrent-elles quelques années après leur création ?

Pourquoi les gens perdent-ils beaucoup d'argent en affaires et finissent-ils quand même par fermer l'entreprise ? Pourquoi est-il si difficile pour de nombreuses personnes de gérer leur entreprise avec succès ?

Pourquoi les gens ont-ils si peur de créer leur propre entreprise et préfèrent-ils plutôt travailler pour les autres ? Quel est le secret du succès commercial qui fait que certains réussissent et d'autres échouent ? Pourquoi certaines entreprises sont-elles en plein essor et en expansion alors que d'autres ferment leurs portes ?

Ce livre aborde de nombreuses questions concernant les affaires et comment vous pouvez réussir dans votre entreprise. Il a été écrit pour vous inspirer en tant que propriétaire d'entreprise à réussir dans votre entreprise.

Ce livre divinement inspiré et oint a beaucoup de prières à la fin de chaque chapitre. Il a également des écritures pour la méditation à la fin de chaque chapitre.

Dans ce livre, vous découvrirez pourquoi certaines entreprises s'effondrent, peu importe à quel point le propriétaire de l'entreprise a essayé de la protéger. Il y a des mystères spirituels que les gens ne connaissent pas sur les entreprises parce que le domaine spirituel contrôle le domaine physique. L'effondrement d'une entreprise est plus spirituel que physique.

Ainsi, ce livre révèle le secret de ce qui retient de nombreuses entreprises captives et de ce qui détruit les entreprises, afin que les entrepreneurs et les propriétaires d'entreprise puissent bénéficier de cette révélation et travailler sur leurs entreprises pour réussir.

Il suffit de lire et de réclamer les prières avec foi et de méditer également sur les écritures. Le Seigneur le fera pour vous si vous croyez.

Car il n'y a rien que notre Dieu ne puisse faire. Car avec l'homme c'est impossible, mais avec Dieu tout est possible. (Matthieu 19:26)

Croyez-le et vous y arriverez.

Cordialement,
Prophète Tayo Demola
5 mai 2021.

CHAPITRE 1

BON PRODUIT OU SERVICE

« *Voyez-vous un homme qui excelle dans son travail ? Il se tiendra devant les rois ; Il ne se tiendra pas devant des hommes inconnus. (Proverbes 22:29)*

Savez-vous qu'un bon produit se vend tout seul ? Savez-vous qu'un mauvais produit est une mauvaise publicité pour la personne ou l'entreprise qui l'a produit ?

Serez-vous heureux après avoir acheté un produit avec votre argent durement gagné et découvrirez-vous plus tard qu'il est inutile et ne peut pas servir le but pour lequel vous l'avez acheté ? Comment vous sentiriez-vous après l'avoir utilisé et avez-vous été déçu?

Vous avez découvert que toutes les affirmations du vendeur ou du fabricant étaient en réalité fausses. Vous avez découvert qu'il s'agissait de simples gadgets. Ils ont en fait emballé le produit pour tromper les gens en leur faisant croire qu'il est authentique alors qu'il ne l'est pas. Ils l'ont rendu si réel. Ils l'ont rendu si attrayant et crédible, mais vous avez découvert plus tard que c'était un piège.

Après l'avoir utilisé, vous avez souhaité ne jamais l'avoir acheté en premier lieu. Vous réalisez maintenant que vous avez gaspillé votre argent. Ce genre de situation est arrivé à beaucoup de gens. Parfois, ces commerçants et promoteurs peuvent commercialiser et emballer un produit si bien, mais c'est tout un piège pour prendre votre argent.

Il peut être très ennuyeux de découvrir qu'un produit sur lequel vous avez tant compté pour répondre à vos besoins peut vous décevoir au moment où vous en avez le plus besoin. Mais devinez quoi ? Le fabricant s'est déçu en fabriquant un mauvais produit.

Un mauvais produit n'est rien d'autre qu'une publicité de la négligence et de l'incompétence du fabricant. C'est simplement une annonce du fabricant que les gens devraient cesser de le fréquenter.

Il est bien certain que tout fabricant qui continue à fabriquer de mauvais produits fera bientôt faillite et devra fermer boutique. Aucun doute là dessus.

Votre entreprise est votre source de revenus et elle doit être très importante pour vous. C'est très important et vous devez le prendre au sérieux. Ce que vous semez dans votre entreprise est ce que vous récolterez éventuellement.

Donc, si vous semez de bonnes graines de diligence et d'excellence dans votre entreprise, vous récolterez certainement de bons rendements et une récolte exceptionnelle. Mais si vous semez les graines de la médiocrité et de la négligence, les résultats peuvent être désagréables.

Avez-vous imaginé pourquoi certaines entreprises ont autant de clients et peu importe ce qu'elles produisent, les gens achèteront ? Mais il y en a d'autres qui essaient de s'emballer si bien, mais les gens ne les fréquentent guère, malgré tous leurs efforts.

Avez-vous pensé à la raison pour laquelle certaines entreprises se développent si rapidement qu'en peu de temps, les gens les auraient connues dans tout le pays ? Avez-vous déjà pensé à ce qui est arrivé à certaines entreprises que vous connaissiez auparavant, mais plus personne n'en entend parler ?

Si vous achetiez un produit à une entreprise et découvriez plus tard qu'il s'agissait d'un mauvais produit ou qu'il ne servait pas à l'objectif pour lequel il a été vendu, auriez-vous à nouveau recours à une telle entreprise, même si elle fabrique d'autres produits ? Vous risquez de ne plus jamais leur faire confiance avec votre argent. Vous ne voudrez même plus gaspiller votre argent.

Donc, quand les gens disent qu'un bon produit se vend tout seul, c'est vraiment vrai. Si le produit est bon, vous en achèterez plus la prochaine fois. De plus en plus de gens l'achèteront et le recommanderont même à d'autres et progressivement, de plus en plus de gens commenceront à l'acheter et à le recommander. Ensuite, il commencera à se vendre à des endroits où le fabricant ne l'a pas annoncé. Ainsi, un bon produit se fera de la publicité.

En tant que propriétaire d'entreprise, le moyen le moins cher de faire la publicité de vos produits ou services est de vous assurer de produire des produits de qualité et d'offrir d'excellents services, peu importe ce que cela vous coûtera.

Si vous essayez d'économiser vos ressources en produisant des produits bon marché et de qualité inférieure, cela nuira à votre entreprise à long terme en raison du nombre de personnes qui auraient été détournées de vous condescendre par vos produits ou services de qualité inférieure.

Cela vous donnera même la tranquillité d'esprit de savoir que vous offrez à vos clients le meilleur produit ou service qui leur en offrira pour leur argent. C'est encore mieux que votre produit ou service ait une valeur bien supérieure au coût d'un tel produit. Si vous êtes en mesure d'atteindre cet objectif, vous aurez une demande continue pour plus de vos produits ou services.

Le monde des affaires est tellement complexe et compétitif partout dans le monde. Ce que vous pensez faire bien, c'est ce qu'une autre personne fait encore mieux que vous. Mais il n'y a personne qui n'apprécie pas les produits ou services de qualité. C'est ce qui pousse les gens à être prêts à payer plus.

Vos clients sont-ils satisfaits ? Peuvent-ils revenir en toute confidentialité chercher vos produits par eux-mêmes avec de l'argent en poche et prêts à acheter même si vous avez augmenté le prix ? Sont-ils prêts à continuer à l'acheter malgré vos augmentations de prix ?

Ce qui fait le succès de votre entreprise, c'est lorsque vos clients sont satisfaits de vos produits ou services. Des clients satisfaits font de bonnes affaires. Les clients tristes ruinent les entreprises et les font fermer boutique.

N'oubliez pas que sans les clients, votre entreprise est morte. Votre entreprise ne réussira que si vous avez la clientèle et sans avoir de bons produits qui satisferont les besoins de vos clients, ils ne vous fréquenteront pas.

Le livre de Proverbes 22 :29 explique comment un homme diligent peut être catapulté pour rencontrer un roi simplement parce qu'il a fait preuve d'un certain niveau d'excellence dans son travail. Il a montré qu'on peut lui faire confiance. Il a payé le prix de l'honneur et il peut donc désormais rencontrer le président car son excellent travail ou son talent lui ont permis de le faire.

Son travail a maintenant été accepté dans le Temple de la renommée. Auparavant, il l'affichait devant des hommes ordinaires, mais parce que ce genre de talent est trop excellent pour être caché, il est maintenant catapulté pour rencontrer le roi ou le président.

C'est ce que la diligence et l'excellence peuvent apporter. Une personne négligente, minable et ignorante ne peut pas réaliser ce genre de chose. Seule une personne travailleuse qui s'en tient à l'excellence et à la qualité sans compromettre ses normes peut y parvenir.

Il est donc très important d'avoir un bon produit ou service si vous voulez vraiment développer votre entreprise et la faire passer au niveau supérieur.

Que le Seigneur vous donne la grâce de l'intégrité, de l'excellence, de la qualité et de la rapidité dans vos efforts commerciaux au nom de Jésus. Amen.

La paix du Seigneur soit avec vous au nom de Jésus. Amen.

PRIÈRE POUR ARRÊTER LA POLLUTION SPIRITUELLE DANS VOTRE ENTREPRISE

1. Tout complot de l'ennemi pour polluer ou adultérer vos produits dans le domaine spirituel avec des produits contrefaits dans le but de vous embarrasser, afin de ternir votre image, afin de gâcher votre réputation et faire planter votre entreprise, par l'autorité dans le sang de Jésus-Christ versé sur la croix du Calvaire, j'annule dès maintenant leurs plans diaboliques au nom de Jésus. Amen.

2. Tout plan de l'ennemi visant à inciter les gens contre vous ou contre votre entreprise afin de causer des problèmes et de faire échouer votre entreprise, je détruis tous leurs plans diaboliques en ce moment au nom de Jésus. Amen.

3. Tout plan diabolique de l'ennemi visant à utiliser des personnes pour fabriquer des mensonges contre vous et vous signaler vous ou votre entreprise aux autorités et amener le gouvernement à fermer votre entreprise, je l'annule dès maintenant au nom de Jésus. Amen.

4. Tout complot de l'ennemi visant à détourner vos clients de vous et à les empêcher de vous fréquenter, je détruis leurs plans diaboliques en ce moment au nom de Jésus. Amen.

5. Tout être humain ou agent démoniaque qui a juré d'être une pierre d'achoppement pour votre succès, en ce moment je détruis leurs pouvoirs maléfiques par le pouvoir du Saint-Esprit et je leur ordonne, ainsi qu'à leurs agents démoniaques, de mourir par le feu au nom de Jésus. Amen.

6. Chaque esprit démoniaque qui a été chargé de surveiller votre vie et de provoquer des promesses et des échecs dans votre vie et vos affaires, je détruis leurs pouvoirs en ce moment et vous libère au nom de Jésus. Amen.

7. Chaque esprit démoniaque qui vous a été assigné pour provoquer un syndrome de quasi-succès dans votre vie, par l'autorité du Sang de Jésus-Christ, je détruis leurs pouvoirs en ce moment au nom de Jésus. Amen.

8. Tout agent des ténèbres qui a été envoyé pour vous attendre au point de votre succès pour vous causer des problèmes afin de vous faire perdre votre succès, par le pouvoir du Saint-Esprit, je détruis leurs pouvoirs maléfiques en ce moment en Jésus Nom. Amen.

ÉCRITURES POUR LA MÉDITATION

Lisez et méditez sur ces écritures ci-dessous.

"Celui qui est fidèle dans ce qui est le moins est fidèle aussi dans beaucoup; et celui qui est injuste dans ce qui est le moins est injuste aussi dans beaucoup." (Luc 16:10)

"Celui qui a la main molle devient pauvre, Mais la main du diligent rend riche." (Proverbes 10:4)

"Les bénédictions sont sur la tête des justes, Mais la violence couvre la bouche des méchants." (Proverbes 10:6)

"La mémoire des justes est bénie, Mais le nom des méchants pourrira." (Proverbes 10:7)

CHAPITRE 2

PROMOTIONS ET PUBLICITÉ COHÉRENTES

"Alors l'ange qui m'a parlé a répondu et m'a dit: "Ne sais-tu pas ce que c'est?" Et j'ai dit: "Non, mon Seigneur." Alors il répondit et me dit : " Voici la parole du Seigneur à Zorobabel : " Ni par la force ni par la puissance, mais par mon Esprit ", dit le Seigneur des armées. " Qui es-tu, ô grande montagne ? Devant Zorobabel tu deviendras une plaine ! Et il fera sortir la pierre de faîte Avec des cris de « Grâce, grâce à elle ! » ' " Et la parole du Seigneur me fut adressée en ces termes : " Les mains de Zorobabel ont posé les fondements de ce temple ; Ses mains aussi l'achèveront. Alors vous saurez que le Seigneur des armées m'a envoyé vers vous. Car qui a méprisé le jour des petites choses ? Car ces sept personnes se réjouissent de voir Le fil à plomb dans la main de Zorobabel. Ce sont les yeux de l'Éternel, Qui parcourent toute la terre.
(Zacharie 4:5-10)

Vous êtes-vous demandé pourquoi vous avez changé d'avis et acheté un produit que vous n'avez jamais voulu acheter et après l'avoir utilisé, vous avez découvert qu'il s'agissait en fait d'un bon produit et qu'il vous a manqué beaucoup de choses pour ne pas l'avoir acheté depuis ?

Avez-vous parfois éteint la télé ou changé de chaîne simplement parce que vous en avez marre de certaines publicités qui ont tendance à vous agacer ou à vous irriter ? Ou des publicités dont vous ne savez même pas de quoi elles parlent ?

Avez-vous acheté un produit juste pour l'essayer et découvrir que c'était réellement ce dont vous aviez besoin et ce que vous recherchiez ? Et maintenant, vous êtes si heureux d'être tombé sur cette annonce ! Comme cela peut être joyeux !

La vérité est que nous avons tous eu ce genre d'expérience. Parfois, vous achèterez un produit que vous n'aviez jamais prévu d'acheter simplement parce qu'il a été promu à la télévision ou à la radio. À d'autres moments, vous achèterez un service que vous pensez être le meilleur juste à cause de la façon dont il a été médiatisé pour découvrir que la prestation de service est totalement insatisfaisante. Que pouvez-vous faire?

En tant que propriétaire d'entreprise, vous devez comprendre que la promotion est l'une des plus grandes clés du succès de votre entreprise. Si les gens ne connaissent pas votre entreprise, ils ne vous fréquenteront pas. S'ils n'ont jamais entendu parler de vous, comment peuvent-ils faire affaire avec vous ? S'ils ne peuvent pas vous faire confiance pour tenir vos promesses, comment peuvent-ils acheter vos produits ou services ?

La promotion et la publicité feront des merveilles inimaginables pour votre entreprise. Il peut propulser votre entreprise à un niveau que vous n'avez jamais imaginé. Cela vous apportera des clients que vous n'auriez jamais pensé pouvoir vous fréquenter.

Une chose que fait la promotion, c'est qu'elle créera une prise de conscience massive de votre entreprise et attirera le genre de personnes qui sont disposées et prêtes à payer pour vos produits ou services. Beaucoup plus de gens seraient prêts à faire affaire avec vous si vous promouviez et annonciez votre entreprise, en particulier sur différentes plateformes médiatiques.

Vous êtes-vous déjà demandé pourquoi les grandes entreprises de télécommunications continuent de faire de la publicité pour leur marque même lorsqu'elles n'ont pas encore réalisé de bénéfices ? Vous êtes-vous déjà demandé pourquoi ils prennent la publicité si au sérieux qu'ils ont une équipe et un budget distincts pour cela ?

La vérité est que peu importe la popularité de votre entreprise dans votre localité, il y a des gens qui n'auraient jamais entendu parler de vous auparavant. Il est encore possible d'améliorer l'acquisition de plus de clients pour votre entreprise. Plus vous avez de clients, plus vous gagnez de revenus et plus votre chiffre d'affaires est important.

Il ne suffit pas de promouvoir et de faire connaître votre entreprise, mais de le faire de manière cohérente. Il ne suffit pas de le faire une fois et de l'oublier, mais de continuer à promouvoir et à annoncer votre entreprise jusqu'à ce que vous atteigniez vos objectifs.

Vous savez une chose sur le comportement des clients ? Il faut beaucoup de temps aux gens pour finalement décider d'acheter vos produits ou services. C'est surtout s'ils ne vous ont jamais fréquenté auparavant. Les gens sont généralement sceptiques à l'égard des nouveautés, des nouveaux produits ou services. Ils sont généralement très prudents lorsqu'ils dépensent leur argent, donc pour acheter vos produits ou services, ils devraient être convaincus de leur utilité avant d'acheter.

C'est là que les promotions et la publicité entreraient en jeu. En faisant la promotion de votre entreprise, vous feriez en sorte que les gens développent un certain type de ressemblance pour vos produits, ce qui les inciterait à décider de l'essayer. S'ils l'essaient une fois et que vous parvenez à leur faire confiance, cela signifie que vous êtes devenu un client pour la vie.

Il continuera à acheter chez vous aussi longtemps que possible. Et tout comme il est parfois difficile de convaincre un nouveau client d'acheter chez vous, il est également difficile de faire en sorte qu'un client fidèle et satisfait laisse un produit ou une marque qui répond à ses besoins à une autre marque dont il n'est pas sûr.

Il préfère rester avec la personne ou la marque qu'il connaît plutôt que de jouer avec quelqu'un qu'il ne connaît pas ! C'est la mentalité de nombreux clients et c'est pourquoi de nombreuses entreprises ont continuellement des clients fidèles. C'est parce que les entreprises ont créé une grande confiance envers leurs clients et que cette fidélité et cette bonne volonté leur permettront de continuer à vendre le plus longtemps possible.

Ne méprisez pas les jours de petits commencements. Ne négligez pas les promotions et la publicité dans votre entreprise. C'est la clé si vous voulez vraiment réussir rapidement dans votre entreprise.

Cela ne devrait pas être une chose unique. Une campagne de promotion ponctuelle peut ne pas vous donner les résultats souhaités. Cela peut parfois être un gaspillage d'argent. Donc, pour obtenir les résultats souhaités, vous devez vous assurer de faire vos promotions commerciales et votre publicité pour votre entreprise de manière cohérente jusqu'à ce que vous obteniez les résultats souhaités. Il doit être cohérent et bien planifié, pour pouvoir avoir le bon impact.

Vous devez comprendre que la promotion n'est pas seulement pour les grandes marques. Les petites entreprises peuvent également promouvoir leurs produits et services, même à la radio ou à la télévision ou même sur les plateformes de médias sociaux via la publicité payante. Vous pouvez promouvoir votre entreprise sur des plateformes de médias sociaux telles que Nairaland, Instagram, Facebook, Twitter, WhatsApp Broadcast et des campagnes de marketing par e-mail.

Ce type de promotions publicitaires est très efficace pour stimuler votre entreprise et si vous faites cela, beaucoup de gens apprendront à connaître votre entreprise et voudront faire affaire avec vous.

En faisant cela, confiez tout ce que vous faites au Seigneur pour vous guider et bénir les œuvres de vos mains. Car l'ouvrier est digne de son salaire, c'est pourquoi vous ne travaillerez pas en vain.

Le Seigneur bénira votre entreprise et vous comblera de grâce et de faveur surnaturelles dans votre entreprise au nom de Jésus. Amen.

PRIÈRE POUR VOUS ANNONCER AU MONDE ET POUR L'ÉVOLUTION DE VOTRE ENTREPRISE

1. Par l'autorité de l'œuvre achevée de notre Seigneur Jésus-Christ sur la Croix du Calvaire, je décrète et déclare que votre entreprise sera annoncée au monde et que les gens vous connaîtront et vous protégeront de loin au nom de Jésus. Amen.

2. Je décrète et déclare l'abondance de la grâce du Seigneur sur votre vie et sur vos affaires et sur tout ce sur quoi vous mettez la main au nom de Jésus. Amen.

3. Je décrète et déclare l'élévation et la pluie financière dans votre entreprise au nom de Jésus. Amen.

4. Je décrète et déclare que les miséricordes du Seigneur seront avec vous dans vos affaires et dans tout ce que vous faites au nom de Jésus. Amen.

5. Je commande aux bénédictions éternelles d'Abraham de vous suivre partout où vous allez et je commande au monde de rester immobile pour vous partout où vous allez au nom de Jésus. Amen.

ÉCRITURES POUR LA MÉDITATION

Veuillez lire et méditer sur les écritures suivantes.

« Si le Seigneur ne bâtit la maison, ceux qui la bâtissent travaillent en vain ; À moins que le Seigneur ne garde la ville, le gardien reste éveillé en vain. (Psaume 127:1)

«   ... « (1er Timothée 5:18)

CHAPITRE 3

BON INVESTISSEMENT FINANCIER DANS LES PROMOTIONS

« La bonne compréhension gagne en faveur, mais le chemin des infidèles est difficile. » (Proverbes 13 :15)

« Tout homme prudent agit avec connaissance, Mais un insensé dévoile sa folie. » (Proverbes 13 :16)

Nous avons parlé plus tôt du fait que vous devez promouvoir votre entreprise dans le dernier chapitre. Oui, c'est bien de commercialiser et de promouvoir votre entreprise ou vos produits, mais est-ce une sorte de promotion que vous devriez faire ?

Pourquoi la promotion est-elle si importante que vous devez investir une certaine somme d'argent dans la promotion de votre entreprise avant de pouvoir obtenir les résultats souhaités ?

Pourquoi une entreprise dépenserait-elle une grande partie de son budget en promotions ? Pourquoi le marketing et les promotions sont-ils si importants dans les affaires que, sans eux, vous ne ferez peut-être jamais une seule vente ?

Pourquoi les entreprises qui ont massivement fait la promotion de leurs produits font des profits alors que celles qui n'ont jamais fait la promotion des leurs font des pertes ? Est-ce vraiment important que je fasse la promotion de mon entreprise avec 2000 dollars ou avec 10 000 dollars ? Quelle différence cela fait?

Et si après avoir dépensé 10 000 dollars pour promouvoir mon entreprise et que je décidais que je ne suis pas satisfait et que j'augmentais le budget publicitaire à 50 000 dollars, est-ce que cela fera une différence dans mon entreprise ?

Si nous vendons des produits ou services similaires, une entreprise qui a dépensé 2 000 dollars pour sa campagne publicitaire peut-elle générer le genre de revenus que mon entreprise générerait si je dépensais 50 000 dollars en promotion et publicité ?

Vous vous demandez peut-être pourquoi j'ai intitulé ce chapitre « Bon investissement financier dans les promotions » ! Le fait est que de nombreux propriétaires d'entreprise ne considèrent pas les promotions comme un investissement. Ils le considèrent comme un gâchis ou un pari parce qu'ils pensent qu'ils ne pourront jamais récupérer l'argent. Mais c'est une très mauvaise mentalité.

Tout comme vous investissez de l'argent dans des actions et des actions, ou vous investissez de l'argent dans plusieurs entreprises, de la même manière, vous devrez investir une somme d'argent raisonnable dans la promotion de votre entreprise si vous voulez vraiment en tirer de l'argent.

Si vous le considérez comme un gâchis ou un pari, il sera difficile de prendre le risque de dépenser une somme d'argent raisonnable pour des promotions qui constituent la clé du succès de votre entreprise. Quel que soit le type d'argent que vous dépensez pour promouvoir votre entreprise, il y a de fortes chances de récupérer cet argent 100 fois si votre entreprise est authentique et si tous les autres facteurs sont en place, en particulier un emballage approprié de votre entreprise et une bonne prestation de services.

Une bonne chose à propos de la promotion de votre entreprise est qu'elle a un effet multiplicateur sur votre entreprise et produira des fruits avec le temps. Ce n'est généralement jamais un effort vain lorsque vous commercialisez et faites la promotion de votre entreprise correctement. C'est un bon investissement, surtout si votre objectif est de grandir. Parfois, les résultats peuvent ne pas être immédiats, mais à long terme, vous récolterez les fruits de votre travail. C'est pourquoi j'appelle cela un investissement.

Mon expérience en affaires a montré que la promotion est très importante et nécessaire pour tout homme d'affaires sérieux. J'ai appris que la promotion peut être un raccourci vers le succès dans votre entreprise si elle est bien faite et si vous disposez d'un budget raisonnable pour la publicité. Le budget doit être suffisamment raisonnable si vous voulez avoir un impact et obtenir le type de clients qui vous fréquenteraient et feraient passer votre entreprise au niveau supérieur.

Vous devez donc voir les promotions comme un investissement si vous devez le faire. Tous les clients qui vous contactent lorsque vous faites la promotion de votre entreprise ne finiront pas par vous fréquenter. Certains peuvent ne pas vous fréquenter immédiatement, mais peuvent le faire plus tard lorsque vous ne vous y attendez même pas.

Mais vous devez comprendre que certaines personnes ne vous connaîtront peut-être jamais à moins que vous ne promouviez votre entreprise. La seule chose qui met votre entreprise aux yeux du public, ce sont les promotions et la publicité.

Alors parfois, je me moque des gens qui placent une annonce dans les journaux ou à la radio et s'attendent à avoir de nombreuses réponses dans leur entreprise. Comment les gens peuvent-ils réagir lorsque l'annonce n'est pas assez adéquate ? Si l'investissement publicitaire est trop faible, ne vous attendez pas à beaucoup de réponses.

Si vous n'avez placé qu'un ou quelques emplacements, vous devez savoir que seul un nombre limité de personnes verrait votre annonce. Mais si vous avez un bon montant d'investissement pour vos promotions, cela propulsera une diffusion plus large de votre campagne de promotion et plus de gens le verront, en particulier ceux qui ont besoin de vos produits ou services.

Les médias sociaux sont l'un des canaux les plus efficaces que vous pouvez utiliser pour vos promotions commerciales. Étant donné que des millions de personnes sont sur les plateformes de médias sociaux à la recherche de quoi acheter, c'est un excellent moyen de présenter votre entreprise.

Beaucoup de gens gagnent de l'argent en faisant de la publicité pour leur entreprise sur WhatsApp. Sur Instagram, il existe de nombreuses opportunités commerciales et certaines personnes gagnent leurs revenus uniquement en étant sur Instagram.

En plus de ce que vous pouvez faire avec votre entreprise en étant actif sur les réseaux sociaux, vous devez utiliser la publicité payante pour développer votre entreprise. Vous ne pouvez pas le faire seul, vous avez besoin d'une équipe pour travailler avec vous pour vous aider à développer votre entreprise et à porter votre marque vers de plus hauts sommets.

Vous pouvez commencer avec un budget publicitaire plus petit, puis l'augmenter progressivement au fur et à mesure. Mais pour que vous puissiez gagner un certain type d'argent dans votre entreprise, vous devez investir un budget raisonnable non seulement dans l'ensemble de votre entreprise, mais également dans les promotions et la publicité.

Le Seigneur vous donnera la sagesse et la grâce de faire la bonne chose dans votre entreprise qui vous fera avancer au nom de Jésus. Amen.

Que Dieu te bénisse.

PRIÈRE POUR UNE FAVEUR FINANCIÈRE POUR DÉVELOPPER VOTRE ENTREPRISE

1.Je décrète et déclare que le Seigneur ouvrira les cieux et vous enverra de l'aide de son sanctuaire. Je décrète que le Seigneur vous enverra une aide qui changera votre vie et votre situation financière au nom de Jésus. Amen.

2. Je décrète et déclare que votre entreprise va prospérer et s'étendre au-delà de votre propre imagination dans toutes les régions du pays et dans le monde entier au nom de Jésus. Amen.

3. Je décrète et déclare que le Seigneur vous bénira avec les ressources financières pour développer votre entreprise au nom de Jésus. Amen.

4. Je décrète et déclare que tout pouvoir de limitation et de recul dans votre entreprise doit être détruit dès maintenant au nom de Jésus. Amen.

5. Chaque complot de l'ennemi pour vous faire rester à un point pour la vie sans progrès, je détruis leurs plans diaboliques contre votre vie et je vous libère dès maintenant au nom de Jésus. Amen.

ÉCRITURES POUR LA MÉDITATION

Veuillez lire et méditer sur les écritures suivantes.

« Les plans des diligents mènent sûrement à l'abondance, Mais ceux de tous ceux qui sont hâtifs, sûrement à la pauvreté. (Proverbes 21 : 5)

"Les sages stockent des aliments de choix et de l'huile d'olive, mais les imbéciles avalent les leurs." (Proverbes 21:20)

« Investir dans sept entreprises, oui, dans huit ; vous ne savez pas quel malheur peut arriver sur le pays. (Ecclésiaste 11:2)

« Un homme fidèle abondera en bénédictions, mais celui qui se hâte d'être riche ne restera pas impuni. (Proverbes 28:20)

CHAPITRE 4

LONGUE PÉRIODE DE PROMOTIONS

« *Mais que la patience ait son œuvre parfaite, afin que vous soyez parfait et complet, sans rien manquer.* » *(Jacques 1:4)*

Que pensez-vous qu'il arrivera à votre entreprise si vous diffusez une publicité massive sur Facebook pendant un an ? Si je fais une campagne de marketing et de promotions pour mon entreprise pendant un an sur différentes plateformes numériques et que vous faites la même chose pour votre entreprise pendant trois mois, pensez-vous que nous aurons tous les deux les mêmes réponses de la part des clients ?

En ce qui concerne la conversion en ventes réelles de telles campagnes, pensez-vous que nous serons au même niveau ? Pensez-vous qu'une promotion marketing de trois mois peut être comparée à une promotion d'un an ? La durée est-elle vraiment importante ici ?

Est-ce important de savoir combien de temps vous faites connaître votre entreprise ? Pouvez-vous tirer parti de votre réputation passée et décider de ne pas vous soucier de la façon dont vous commercialisez et faites la promotion de votre entreprise à l'avenir ?

Oui, nous savons que la promotion est la clé du succès de votre entreprise, mais la façon dont vous vous y prenez est-elle vraiment importante ? La durée pendant laquelle vous le faites est-elle importante et cela peut-il avoir un impact sur votre entreprise, surtout s'il n'est pas fait de manière adéquate ?

La vérité est que lorsque vous souhaitez promouvoir votre entreprise, vous devez avoir une projection élevée pour l'avenir. Votre objectif doit être les avantages à long terme de votre campagne de promotion. C'est parce que parfois vous ne pouvez pas obtenir les retours sur investissement immédiatement. Si vous partez dans l'attente d'un gain immédiat, vous risquez d'être sérieusement déçu. Oui, cela peut être très frustrant lorsque les retours n'arrivent pas comme prévu.

De nombreuses entreprises ont été frustrées en raison de ce genre de mauvaise mentalité de la part des propriétaires. Ils pensent qu'en plaçant des annonces dans les journaux, à la radio ou sur des plateformes en ligne pendant une courte période, cela apportera beaucoup de réponses ou de ventes qui feront tourner leur entreprise. Mais devinez quoi ? Beaucoup ont été très déçus lorsqu'ils n'ont même pas pu réaliser une seule vente après avoir dépensé de l'argent pour ce genre de publicité promotionnelle courte.

Personne ne souhaite avoir ce genre d'expérience laide en affaires, mais cela arrive souvent, surtout aux petites entreprises et aux personnes qui ont peu ou pas d'expérience en marketing. Ils veulent juste jouer avec le peu d'argent à leur disposition et voir si ça marche ! Non, cela ne fonctionnera peut-être jamais comme vous le souhaitez.

Il ne suffit donc pas de promouvoir votre entreprise, il est souvent préférable de le faire sur une période de temps raisonnablement longue afin d'exploiter les immenses avantages de la répétitivité de telles campagnes publicitaires. Plus vous le répétez sur la même plateforme, plus les gens commenceront à le prendre au sérieux.

Plus ils le voient, plus ils sont susceptibles de prendre des mesures et de vous contacter ou d'acheter votre produit ou service. Comment réaliser une vente avec une annonce ponctuelle ? Comment les gens peuvent-ils vous prendre au sérieux alors qu'ils n'ont vu votre annonce qu'une seule fois et ont peut-être même oublié le contenu de votre promotion ?

Il faudra à certaines personnes lentes dans la prise de décision pour voir votre annonce jusqu'à 7 fois de suite avant de pouvoir être convaincues de vous contacter ou même de penser à acheter. Il faudra que certaines personnes voient plusieurs campagnes publicitaires d'un produit ou d'un service avant de pouvoir même envisager de l'essayer.

Si vous pouvez vous permettre de diffuser votre campagne publicitaire pendant un an, pourquoi la diffusez-vous pendant un mois ? Si vous pouvez vous permettre de l'exécuter sur plusieurs plates-formes, pourquoi ne l'exécutez-vous que sur une seule plate-forme ? Savez-vous que si vous menez une bonne campagne de promotion pour votre entreprise pendant un an, vous pouvez réaliser des ventes grâce à cette campagne pendant les cinq prochaines années ou plus ?

La publicité a toujours un effet multiplicateur sur une entreprise, de sorte qu'elle peut continuer à vous apporter des clients pendant de nombreuses années, même lorsque vous avez oublié la publicité que vous avez faite il y a de nombreuses années. C'est tellement puissant de promouvoir votre entreprise, surtout si vous le faites correctement et utilisez une plate-forme bonne et crédible.

De longues périodes de promotions exposeront votre entreprise à tant de personnes. Il mettra votre entreprise en contact avec les personnes sérieuses et non sérieuses qui répondront à vos campagnes publicitaires. Il vous reste à les éliminer car il n'est pas possible qu'ils finissent tous par vous fréquenter, peu importe à quel point vous essayez de les convaincre.

Je dirais que la promotion constitue au moins 70% du travail à faire dans votre entreprise pour qu'elle ait des ventes cohérentes et un bon chiffre d'affaires. Toute entreprise sérieuse doit être bien promue, en particulier à l'ère des médias sociaux où presque tout le monde est en ligne à la recherche d'une opportunité ou d'une autre.

Parfois, la promotion sur les réseaux sociaux est encore plus rapide pour convertir vos prospects en ventes. Et la beauté de celui-ci est que vous pouvez décider de commencer petit et de l'étendre progressivement, surtout si vous avez un budget limité. Mais votre meilleur pari est d'avoir un budget raisonnable pour vos promotions commerciales, puis de le faire aussi longtemps que possible jusqu'à ce que vous commenciez à voir des résultats tangibles.

Et même lorsque vous commencez à voir des résultats tangibles, ne vous détendez pas, continuez à promouvoir votre entreprise pendant une longue période ou indéfiniment si vous le pouvez. Si vous faites cela, un moment viendra où vous commencerez à gagner un revenu constant grâce à vos efforts. Ce revenu constant peut être mensuel, trimestriel ou annuel, selon le type d'entreprise que vous faites.

La parole du Seigneur dit que nous devons persévérer et que ceux qui persévèrent et n'abandonnent pas trop tôt auront une bonne récompense. Il y a toujours de la lumière au bout du tunnel pour ceux qui gardent espoir et n'abandonnent pas, quelles que soient les circonstances.

Il y a toujours une bonne récompense pour vous si vous faites les efforts nécessaires pour atteindre vos objectifs et que vous n'abandonnez pas lorsque vous atteignez un point où vous vous attendez à atteindre l'objectif mais que ce n'est pas encore le cas. Cela viendra, tenez bon et faites confiance au Seigneur qu'il est avec vous tout le long, quelle que soit la situation.

Le Seigneur soit avec vous dans vos affaires et envoie ses anges pour vous apporter la faveur du ciel.

Le Seigneur vous comblera de miséricorde et vous apportera le genre de clients dont vous avez besoin dans votre entreprise. Je décrète que de véritables clients vous chercheront pour faire des affaires avec vous et vous favoriseront au nom de Jésus. Amen.

La paix du Seigneur soit avec vous au nom de Jésus. Amen.

PRIÈRE POUR LA GUÉRISON ET LA DÉLIVRANCE SUR VOTRE VIE ET VOTRE FAMILLE

1. Par l'autorité du Sang de Jésus-Christ versé sur la croix du Calvaire, sois guéri et délivré maintenant au nom de Jésus. Amen.

2. Je décrète la guérison et la délivrance surnaturelles dans votre vie et votre famille en ce moment au nom de Jésus. Amen.

3. Tout complot de l'ennemi visant à causer des maux cachés dans votre vie et votre famille afin de vous faire continuer à dépenser tout votre argent dans les hôpitaux, j'annule ce plan diabolique contre votre vie en ce moment et je vous libère, vous et votre famille, par le l'autorité dans le Sang de Jésus-Christ versé sur la croix du Calvaire. Amen.

4. Tout complot de l'ennemi visant à vous causer, à vous ou à un membre de votre famille, un accident ou une mort subite, je détruis leurs plans diaboliques en ce moment au nom de Jésus. Amen.

5. Tout complot de l'ennemi visant à causer des problèmes, de la rancœur, de la désaffection ou de la haine entre vous et votre famille et votre personnel dans votre entreprise, je détruis tous leurs plans diaboliques en ce moment au nom de Jésus. Amen.

6. Étant donné que tout ce qui affecte votre santé ou votre famille peut éventuellement affecter votre entreprise ou votre source de revenus, je décrète et déclare donc un esprit sain et une bonne santé dans votre vie et votre famille dès maintenant au nom de Jésus. Amen.

ÉCRITURES POUR LA MÉDITATION
Veuillez lire et méditer sur les écritures suivantes.

" Et il leur dit : " Lequel d'entre vous aura un ami, ira le trouver à minuit et lui dira : " Ami, prête-moi trois pains ; car un de mes amis est venu vers moi en voyage, et je n'ayez rien à lui proposer » ; et il répondra de l'intérieur et dira : « Ne me dérangez pas ; la porte est maintenant fermée, et mes enfants sont avec moi au lit ; je ne peux pas me lever et vous donner » ? vous, bien qu'il ne se lève pas et ne lui donne pas parce qu'il est son ami, mais à cause de sa persévérance, il se lèvera et lui en donnera autant qu'il en aura besoin. ; Cherchez et vous trouverez; frappez, et il vous sera ouvert. Car quiconque demande reçoit, et celui qui cherche trouve, et à celui qui frappe on l'ouvrira. (Luc 11 :5-10)

« Et ne nous lassons pas en faisant le bien, car en son temps nous moissonnerons si nous ne perdons pas courage. » (Galates 6:9)

« Alors il leur dit une parabole, que les hommes doivent toujours prier et ne pas se décourager, disant : « Il y avait dans une certaine ville un juge qui ne craignait pas Dieu et ne regardait pas l'homme. Or, il y avait une veuve dans cette ville ; et elle vint à lui, en disant : ' Obtenez justice pour moi de mon adversaire.' Et il ne le voulut pas pendant un certain temps ; mais après cela il dit en lui-même : « Bien que je ne craigne pas Dieu ni ne considère l'homme, cependant parce que cette veuve me trouble, je la vengerai, de peur qu'elle ne me fatigue par son avènement continuel. " Alors le Seigneur dit : " Ecoutez ce que le juge injuste a dit. Et Dieu ne vengera-t-il pas ses propres élus qui crient jour et nuit vers lui, bien qu'il les supporte longtemps ? Je vous dis qu'il les vengera rapidement. Néanmoins, quand le Fils de l'homme viendra, trouvera-t-il vraiment la foi sur la terre ?" (Luc 18:1-8)

« Par conséquent, mes frères bien-aimés, soyez fermes, inébranlables, abondant toujours dans l'œuvre du Seigneur, sachant que votre travail n'est pas vain dans le Seigneur. » (1 Corinthiens 15:58)

CHAPITRE 5

AVOIR PLUSIEURS PRODUITS OU SERVICES

« Le matin sème ta semence, et le soir ne retire pas ta main ; Car vous ne savez pas qui prospérera, ou ceci ou cela, ou si les deux seront bons. » (Ecclésiate 11:6)

Avez-vous remarqué que les entreprises qui ont plusieurs produits multiples réalisent le plus de ventes ? Savez-vous que si vous offrez plusieurs services dans votre entreprise, la tendance est que lorsqu'un client vient à votre bureau et décide qu'il n'aime pas votre offre sur le service pour lequel il est venu se renseigner, il pourrait simplement payer pour un autre service si vous proposez plusieurs services ?

Maintenant, je continue à me demander pourquoi certains propriétaires d'entreprise décideront de n'offrir qu'un seul produit ou service alors qu'ils pourraient gagner plus d'argent en offrant plusieurs d'entre eux à un coût raisonnablement moins cher puisqu'ils utiliseront les mêmes installations qu'ils ont déjà pour offrir plus à leurs clients. .

L'un des moyens les plus sûrs de générer des revenus constants dans votre entreprise est d'offrir plusieurs produits et services à vos clients. Laissez-leur plusieurs options et variétés.

En fait, en leur offrant plusieurs options, cela augmentera l'estime de vos clients pour votre entreprise et renforcera également votre crédibilité en tant qu'entité commerciale sérieuse. Certaines personnes vous fréquenteront même parce qu'elles sont venues dans votre magasin et ont vu plusieurs variétés d'options parmi lesquelles elles pouvaient choisir. S'ils viennent voir votre boutique peu nombreuse, cela peut vous présenter comme un homme d'affaires peu sérieux. Cela peut vous faire perdre des clients.

C'est pourquoi vous voyez beaucoup de magasins remplis à ras bord de marchandises, parfois ces marchandises ne sont que des décorations, les principaux produits peuvent être dans l'entrepôt, mais ils doivent s'assurer que leurs magasins sont approvisionnés au moins avec les produits de base que les clients demandent toujours pour, afin qu'ils ne perdent aucune vente.

Si vous produisez des articles à vendre, il est également très bon d'avoir plusieurs produits et d'élargir votre clientèle car il y aura plus de gens qui n'auront peut-être pas besoin de ce que vous produisez, mais la variété leur donnera des choix différents. Mais la plupart du temps, il est préférable de le faire dans des domaines connexes.

De même, si vous offrez des services, offrir plusieurs services permettra aux gens d'avoir un guichet unique où ils pourront commander une grande partie de vos services qu'ils auraient achetés ailleurs si vous n'aviez pas diversifié votre portefeuille. Il est préférable d'offrir vos services dans des domaines connexes car cela peut être déroutant pour vos clients lorsque vos services sont dans des domaines différents. Cela pourrait vous faire passer pour un touche-à-tout et cela peut nuire à votre crédibilité.

Maintenant, nous avons vu des entreprises qui offrent des produits et des services en même temps. Ils ont non seulement plusieurs gammes de produits, mais ils offrent également plusieurs services qui offrent à leurs clients de nombreuses options parmi lesquelles choisir. Ce n'est peut-être pas une chose facile à réaliser, mais la récompense de ces efforts sera payante à long terme.

L'une des raisons pour lesquelles plusieurs produits et services sont proposés est que les affaires peuvent parfois être très imprévisibles et que le produit qui, selon vous, se vendra bien peut même ne pas se vendre alors que celui que vous n'auriez jamais imaginé vendre pourrait être celui que les gens aimeraient tant et finirait par vendre beaucoup plus que les autres.

Vous ne pouvez vraiment pas dire ce que les gens aimeraient puisque les clients ont plusieurs préférences. Tout comme les gens sont différents dans leur façon de penser, de la même manière ils sont différents dans leurs choix. Ce qu'une personne n'aime pas, c'est exactement ce que recherche une autre, alors il est parfois difficile de comprendre les gens.

Votre meilleur pari est donc de vous assurer d'offrir plusieurs options à vos clients et de leur laisser une raison de revenir pour vous fréquenter. La plupart du temps, ils peuvent même ne pas savoir que vous proposez d'autres produits ou services jusqu'à ce que vous les leur présentiez et les convainquiez d'acheter chez vous. Les gens achèteront toujours à ceux qu'ils connaissent ou à ceux qui ont déjà satisfait leurs besoins.

La diversification est donc très importante pour le succès de votre entreprise. Commencer petit, c'est bien, mais quand vous commencez, êtes-vous prêt à développer votre entreprise et à vous diversifier dans d'autres domaines où vous pouvez gagner encore plus d'argent que là où vous avez commencé ? En effet, au fur et à mesure que vous avancez, des opportunités se présenteront dans d'autres domaines et si vous les considérez et investissez vos ressources pour les essayer, cela peut être le tournant pour votre entreprise.

N'ayez pas peur d'essayer de nouvelles choses dans votre entreprise. Beaucoup de gens qui ont essayé de nouvelles choses ont fini par porter leur entreprise à des niveaux inimaginables.

La peur de l'échec est l'une des raisons pour lesquelles de nombreuses personnes ne souhaitent pas diversifier leur portefeuille d'offres par rapport à leurs produits ou services. Mais il vaut mieux essayer et échouer et en tirer des leçons que de ne jamais essayer du tout.

Vous serez toujours mieux loti que la personne qui n'a jamais essayé du tout parce que vous auriez acquis des expériences de vie qu'il n'a pas. Cette expérience peut encore vous aider à réussir tôt ou tard dans le cadre de votre entreprise.

La raison pour laquelle certaines personnes n'ont pas pu progresser dans leur entreprise est simplement parce qu'elles ne sont tout simplement pas disposées à se diversifier et à essayer de nouvelles choses. Mais comme on dit, le changement est constant et les choses ne resteront jamais les mêmes. Plus tôt vous êtes prêt à adopter des changements pertinents dans votre entreprise, mieux c'est. Prenez note qu'un tel changement doit être pertinent, raisonnable et éthique avant de pouvoir l'adopter. Il doit être en mesure d'ajouter de la valeur à votre entreprise.

Mais beaucoup de gens rejettent le changement. Ils ne sont même pas disposés à s'améliorer sur les choses qu'ils font et c'est une recette pour le désastre puisque le monde évolue constamment.

Alors que le monde change tous les jours, soyez prêt à changer à vos côtés et à essayer de nouvelles choses qui plairont davantage à vos clients. C'est un moyen sûr de fidéliser vos anciens clients et d'en acquérir de nouveaux. Mais rappelez-vous que tous les changements que vous adoptez dans votre entreprise doivent être conformes à la parole de Dieu.

Vous ne pouvez pas simplement accepter n'importe quel changement parce que le monde le fait. Elle doit être conforme à la volonté de Dieu et ne doit pas être la volonté de l'homme. Cela doit être conforme à ce que Dieu veut pour votre vie, afin qu'Il puisse bénir les œuvres de vos mains.

Vous réussirez au nom de Jésus. Amen.

PRIÈRE D'IMPARTATION POUR RECEVOIR DES IDÉES D'AFFAIRES UNIQUES

1. Je décrète et déclare qu'à partir de maintenant, vous recevrez des rêves, des visions et des idées divines sur la façon de faire avancer votre entreprise et votre vie au nom de Jésus. Amen.

2. Je décrète et déclare que le Seigneur vous donnera des idées géniales et uniques sur la façon de produire de multiples produits et services qui annonceront votre entreprise et vous apporteront une grande fortune au nom de Jésus. Amen.

3. Je décrète et déclare que le Seigneur vous bénira d'une immense sagesse commerciale et que des gens de partout vous chercheront à consulter votre sagesse pour créer leur propre entreprise au nom de Jésus. Amen.

4. Je décrète qu'à partir d'aujourd'hui, vos idées commerciales vous mèneront loin et vous feront rencontrer des personnalités importantes dans votre pays et dans le monde au nom de Jésus. Amen.

5. Je décrète que le Seigneur vous enverra des personnes qui sont financièrement capables de vous aider à mettre en œuvre vos idées commerciales et à développer votre entreprise au nom de Jésus. Amen.

ÉCRITURES POUR LA MÉDITATION

Veuillez méditer sur les écritures ci-dessous et prier avec elles.

« Et tu te souviendras du Seigneur ton Dieu, car c'est lui qui te donne le pouvoir d'acquérir des richesses, afin d'établir son alliance qu'il a jurée à tes pères, comme c'est le cas aujourd'hui. » *(Deutéronome 8:18)*

« Mieux vaut un peu avec justice, Que de vastes revenus sans justice. » *(Proverbes 16:8)*

« Le matin sème ta semence, Et le soir ne retire pas ta main ; Car vous ne savez pas qui prospérera, ou ceci ou cela, ou si les deux seront bons. » *(Ecclésiate 11:6)*

« Et quoi que vous fassiez en paroles ou en actes, faites tout au nom du Seigneur Jésus, en rendant grâces à Dieu le Père par lui. » *(Collosiens 3:17)*

« Sans conseil, les plans tournent mal, Mais dans la multitude de conseillers, ils sont établis. » *(Proverbes 15:22)*

« Car, comme le corps sans l'esprit est mort, de même la foi sans les œuvres est morte aussi. » *(Jacques 2:26)*

CHAPITRE 6

UNE MARQUE COMMERCIALE APPROPRIÉE

« Tout ce que ta main trouve à faire, fais-le avec ta force ; car il n'y a ni travail, ni artifice, ni connaissance, ni sagesse dans la tombe où tu vas. (Ecclésiate 9:10)

Savez-vous que certaines grandes entreprises devenues aujourd'hui des marques nationales sont parties d'une seule pièce ? Et devine quoi? Certaines des personnes qui possèdent ces marques ne savaient même pas que cela deviendrait un jour grand !

Ils ont juste commencé par l'essayer et avec le temps, il est devenu populaire et s'est étendu à d'autres villes et villages.

Pouvez-vous imaginer une seule personne démarrant une petite entreprise dans une pièce, puis après un certain temps, cette même entreprise devient maintenant grande et emploie maintenant des centaines et des milliers de personnes à travers le pays ?

Certaines personnes pensent à tort que ce genre de réalisation n'est destiné qu'à un certain type de personnes ou à un type particulier d'individus, mais ce n'est pas vrai. Votre propre entreprise peut également y parvenir si vous faites les bonnes choses et si vous êtes suffisamment diligent.

Vous ne pouvez pas devenir grand si vous n'avez pas commencé petit. Il est conseillé d'apprendre d'abord les ficelles du métier, de sorte qu'au moment où vous deviendrez grand dans votre entreprise, vous auriez appris beaucoup de choses que vous devez savoir sur la nature de l'entreprise.

Pour mener à bien certains types d'entreprises, il faut une certaine expérience ainsi que des essais et des erreurs ici et là, mais dans l'ensemble, vous devez apprendre quelque chose pour faire quelque chose.

Beaucoup de gens échouent en affaires parce qu'ils ne sont pas disposés à apprendre les ficelles du métier de ceux qui ont pris leur temps pour l'apprendre et le pratiquer.

Beaucoup n'ont même pas lu des livres pertinents qui leur apprendraient sur l'entreprise et ils supposent simplement qu'ils peuvent le faire. Mais après quelques années à s'y aventurer, ils échoueraient lamentablement. Pathétique! Ce ne sera jamais votre part au nom de Jésus. Amen.

Maintenant, l'une des choses les plus importantes que vous devez faire dans votre entreprise si vous voulez vraiment passer au niveau supérieur est de bien marquer votre entreprise pour avoir une image crédible, fiable et positive aux yeux des gens.

La réputation de l'entreprise est très importante, tout comme votre propre réputation est importante car elle détient sur votre entreprise. En fait, votre réputation personnelle est même la première chose que les gens vérifieront pour s'assurer que votre entreprise est dirigée par des personnes crédibles.

Si les gens découvrent que votre entreprise ou votre entreprise est remplie de gens louches, ils n'aimeront pas faire affaire avec vous.

Pour réussir dans votre entreprise, vous devez vous efforcer de créer une marque réputée qui résistera à l'épreuve du temps.

Vous devez savoir comment développer votre entreprise à un niveau où beaucoup de gens seront prêts à faire affaire avec vous parce que votre entreprise a de la crédibilité. Vous devez recueillir suffisamment de bonne volonté de la part des gens et cela peut être fait grâce à une prestation de services de qualité et à la confiance de vos clients.

Conseils pour une image de marque appropriée

1. Beau bureau. Votre bureau doit être beau et attrayant avec des installations modernes. Ne pas avoir de bureau où les gens peuvent vous contacter est un rebut pour la plupart des clients.

De nombreuses petites entreprises ont du mal à avoir un bureau présentable et certaines n'en ont même pas encore.

C'est un aspect très important de votre entreprise, sans lequel certaines personnes ne feront jamais affaire avec vous, peu importe la qualité de vos services.

2. Site Web magnifiquement conçu, attrayant et facile à naviguer. Mettez tous vos produits et services sur votre site Web pour que le monde entier puisse les voir.

Si vous voulez toucher le monde, vous devez avoir un site Web d'entreprise où vous présenterez toutes vos activités commerciales, vos produits, services et offres.

3. Belle combinaison de couleurs pour votre marque. Assurez-vous d'utiliser des couleurs attrayantes pour concevoir le matériel de votre marque et soyez cohérent avec les couleurs que vous utilisez pour votre marque.

4. Logo d'entreprise ou d'entreprise bien conçu. Ceci est également très important car la première chose que les gens verront à propos de votre entreprise est le logo de votre entreprise. Il doit être conçu par des professionnels pour projeter la bonne image de votre entreprise et de ce que vous faites.

5. Papier à en-tête professionnel de l'entreprise. Envoyez toutes les lettres et la correspondance via le papier à en-tête de votre entreprise.

6. Assurez-vous que vos lignes téléphoniques sont toujours accessibles à tout moment pendant les heures de travail.

7. Assurez-vous d'avoir une carte de visite magnifiquement conçue, un livre de factures, des prospectus, des bannières, etc.

8. Assurer la livraison rapide des produits et services commandés. Le retard de livraison est un désagrément pour la plupart des clients. Ils ne reviendront pas s'ils ont eu une mauvaise expérience avec vous.

9. Créez une image positive pour votre entreprise ou votre marque via une prestation de services de qualité et des produits de qualité.

Vous devez commercialiser et vendre votre entreprise à chaque occasion qui se présente à vous. Faites connaître votre entreprise. Plus les gens connaissent votre entreprise, plus votre marque est susceptible de s'inscrire dans l'esprit des gens.

10. Vous devez avoir un compte bancaire d'entreprise. N'utilisez pas votre compte bancaire personnel pour recevoir des fonds pour votre entreprise.

Vous devez vous assurer d'avoir votre compte bancaire d'entreprise ou d'entreprise car il est plus professionnel d'utiliser votre compte d'entreprise pour recevoir des fonds d'entreprise que d'utiliser votre compte personnel.

Beaucoup de gens n'accepteront même pas de payer sur votre compte personnel pour une transaction commerciale. Cela vous donne l'air d'une entreprise et vous donne plus de crédibilité pour avoir un compte d'entreprise où tous les paiements vous sont versés.

11. Une formation et un recyclage appropriés de votre personnel sur l'éthique du travail et la relation client. Ceci est également très important pour votre entreprise. L'absence d'un bon personnel peut à elle seule faire s'effondrer toute entreprise, quelle que soit la façon dont vous commercialisez et faites la promotion de l'entreprise ou de l'entreprise.

Que le Seigneur vous donne la sagesse de naviguer dans l'environnement des affaires et la grâce d'attirer le bon type de personnes qui vous aideront à faire progresser votre entreprise au nom de Jésus. Amen

PRIERE POUR LA GRACE SURNATURELLE POUR SERVIR DIEU DANS VOTRE ENTREPRISE

1. Je prie pour vous aujourd'hui, que pendant que vous faites vos affaires, que le Seigneur vous donne la grâce de ne pas être induit en erreur par les choses de ce monde au nom de Jésus. Amen.

2. Que le Seigneur vous accorde la sagesse éternelle pour discerner la vérité et discerner le genre de personnes que vous rencontrez tous les jours dans vos affaires au nom de Jésus. Amen.

3. Que le Seigneur vous accorde la sagesse de connaître la bonne façon de marquer votre entreprise, de vous conformer à la parole du Seigneur et de ne pas plaire au monde au nom de Jésus. Amen.

4. Que le Seigneur vous accorde la sagesse éternelle de ne pas être trompé par la convoitise de la chair, la convoitise de l'argent et la convoitise des choses matérielles qui sont des complots de l'ennemi pour piéger votre âme et vous faire manquer Dieu.

5. Que le Seigneur vous accorde la sagesse de marquer votre entreprise de la bonne manière qui attirerait le bon type de clients que le Seigneur a destiné à vous rencontrer au nom de Jésus. Amen.

ÉCRITURES POUR LA MÉDITATION
Veuillez méditer sur ces écritures et prier avec elles.

« Remettez vos œuvres au Seigneur, et vos pensées seront affermies. » *(Proverbes 16:3)*

« *Celui qui est fidèle dans ce qui est le moins est fidèle aussi dans beaucoup ; et celui qui est injuste dans ce qui est le moins est injuste aussi dans beaucoup. (Luc 16:10)*

« *Et ne vous conformez pas à ce monde, mais soyez transformés par le renouvellement de votre esprit, afin que vous puissiez prouver quelle est cette volonté bonne, agréable et parfaite de Dieu.* » *(Romains 12:2)*

« *Car je connais les pensées que je pense à votre égard, dit le Seigneur, pensées de paix et non de mal, pour vous donner un avenir et une espérance.* » *(Jérémie 29 :11)*

« *Mais quiconque garde sa parole, vraiment l'amour de Dieu est parfait en lui. Par ceci nous savons que nous sommes en Lui. Celui qui dit qu'il demeure en lui doit aussi marcher comme il a marché. (1er Jean 2:5-6)*

"*Le Seigneur est mon berger; je ne voudrai pas. Il me fait coucher dans de verts pâturages ; Il me conduit près des eaux calmes. (Psaume 23 :1-2)*

« *Sois exalté, ô Dieu, au-dessus des cieux ; Que ta gloire soit au-dessus de toute la terre. (Psaume 57:5)*

CHAPITRE 7

BON SERVICE CLIENT

« Apprenez à faire le bien ; Recherchez la justice, réprimandez l'oppresseur ; Défendez l'orphelin, plaidez pour la veuve. « Venez maintenant et raisonnons ensemble », dit le Seigneur, « Bien que vos péchés soient comme l'écarlate, ils deviendront blancs comme la neige ; bien qu'ils soient rouges comme le cramoisi, ils deviendront comme de la laine. , tu mangeras le bien du pays. (Esaïe 1:17-19)

Avez-vous déjà contacté une personne pour affaires et la façon dont elle vous a répondu vous a tellement déçue ? Avez-vous déjà eu ce genre d'expérience ? Comment te sentais-tu? Avez-vous eu envie de dépenser votre argent durement gagné pour acheter leurs produits ou services après un service client aussi horrible ?

Je me demande ce qui fait que certaines personnes pensent qu'elles sont si indispensables qu'elles commenceraient à traiter les autres de manière si mesquine lorsqu'elles se renseignent sur l'entreprise ou le produit dont elles font la publicité.

Après avoir dépensé beaucoup d'argent pour faire de la publicité pour votre entreprise, les gens vous contactent maintenant et tout ce que vous pouvez faire est de leur parler très grossièrement simplement parce qu'ils ne sont pas prêts à payer votre prix exorbitant ou parce qu'ils posent des questions pertinentes sur votre entreprise. N'est-ce pas un signal rouge pour eux qu'il y a toutes les tendances que vous ne respecterez même pas vos promesses ?

C'est un signe que vous n'êtes pas une entreprise fiable et que beaucoup de gens ne vous rappelleront plus jamais après cette première impression négative. Vous devez surveiller chacun de vos mouvements et la façon dont vous répondez ou interagissez avec vos clients.

La première impression que vous donnez à un client compte beaucoup et elle peut parfois déterminer s'il resterait avec vous ou chercherait ailleurs pour obtenir ce qu'il veut.

N'oubliez pas que les clients peuvent parfois être imprévisibles dans leurs décisions, vous allez donc aggraver la situation lorsque vous les traitez de manière mesquine. Ils ne vous reviendront plus jamais.

Ils préfèrent acheter auprès de quelqu'un dont les produits ou les services ne sont même pas de la même qualité que les vôtres et qui les traite comme un roi plutôt que d'acheter chez vous dont les produits sont les meilleurs mais vous les traitez comme des ordures. Aucun client n'acceptera cela, peu importe la façon dont il a besoin du produit ou du service.

S'ils en ont tellement besoin, ils préfèrent chercher une alternative, même si cela peut leur coûter plus cher, ils ne se soucieront pas de l'argent supplémentaire qu'ils dépenseraient pour l'acheter là où ils sont respectés et appréciés. C'est un élément clé de la vente que de nombreuses personnes en affaires ne connaissent pas.

Il ne suffit pas d'être entrepreneur. Il ne suffit pas d'avoir une entreprise. Il est très important de faire attention à la façon dont vous traitez et assistez vos clients et prospects. Mettez-vous à leur place et voyez si vous aimeriez être traité de cette façon ! Un roi doit être traité comme un roi et non comme un esclave. N'est-ce pas une abomination de traiter un roi comme un esclave ?

Ils sont en fait le roi de votre entreprise. Sans eux, vous ferez faillite. Vous êtes là en affaires pour répondre à leurs besoins et au moment où ils remarqueront que vous les prenez pour acquis, même ceux qui sont des clients fidèles changeront leur fidélité et trouveront une meilleure alternative.

Si vous traitez vos clients comme des ordures comme le font certaines personnes ignorantes qui possèdent des entreprises et qui pensent qu'elles sont indispensables, vous découvrirez bientôt que vous êtes superflu. Ils peuvent même aller loin pour trouver une alternative qui répondra à leurs besoins, même si cela leur coûte plus cher.

POURQUOI DE NOMBREUSES ENTREPRISES CRASHENT

L'une des raisons pour lesquelles certaines petites entreprises ne peuvent jamais devenir grandes est qu'elles sont trop fières de leurs petites réalisations et qu'elles commencent maintenant à traiter les clients comme des ordures.

Quand ils ont commencé, ils suppliaient d'avoir des clients, mais finalement, quand ils ont commencé à en faire, ils ont maintenant changé et sont devenus hostiles aux clients ! Peux-tu imaginer? N'est-ce pas pour le moins absurde ?

La mentalité de nombreux propriétaires d'entreprise est de ne pas grandir. Leur mentalité est très limitée par leur pensée étroite. Ils pensent qu'ils ne peuvent pas devenir grands ou s'étendre à d'autres régions du pays. Alors ils se limitent par leur pensée. Et quand ils commenceront à gagner peu d'argent, ils se sentiront au sommet du monde et commenceront à traiter les autres, en particulier leurs clients avec mépris.

C'est la raison pour laquelle beaucoup de gens restent dans leur état pauvre et maigre avec leurs entreprises et après un certain temps, au lieu que l'entreprise grandisse, elle s'effondrerait plutôt et ils retourneraient à la case départ et finiraient par fermer l'entreprise.

Certaines personnes qui possèdent une entreprise ne réalisent pas que le fait qu'une entreprise gagne de l'argent aujourd'hui ne signifie pas qu'elle ne peut pas s'effondrer demain ou dans un avenir proche.

Si vous ne parvenez pas à mettre les bonnes choses en place dans votre entreprise, elle peut encore s'effondrer et se replier même si vous en tirez beaucoup d'argent en ce moment. Peu importe combien vous gagnez actuellement. N'avons-nous pas vu les grandes entreprises se replier sous nos propres yeux ?

Peu importe la taille de votre entreprise, le moment où vos clients ne comptent plus pour vous parce que vous avez déjà gagné beaucoup d'argent, oubliez-le, vous allez vous planter tôt ou tard, sauf que vous réalisez rapidement vos erreurs et revenez sur vos pas et commencez à très bien traiter vos clients.

Pourquoi devriez-vous même traiter un roi comme un esclave ? Avez-vous déjà vu où un roi est traité comme un esclave ? Quelqu'un peut-il essayer cela n'importe où sans conséquences désastreuses?

Quand les gens disent que le client est un roi, c'est une grande parabole que de nombreuses petites entreprises ne parviennent pas à comprendre. Ils démarreront leur entreprise et s'effondreront en peu de temps.

Ils investiraient beaucoup d'argent dans les affaires et tout l'argent serait perdu à cause de leur arrogance envers leurs clients et de leur incapacité à s'humilier dans les affaires.

L'orgueil précède une chute et beaucoup de gens vont faire des prières de délivrance pour savoir ce qui était responsable de l'effondrement de leur entreprise mais ils n'ont pas réalisé qu'ils sont l'architecte de leur propre malheur.

Ils cherchent un prophète pour leur dire pourquoi c'est arrivé mais beaucoup d'entre eux tomberont entre les mains de faux prophètes qui leur mentiraient que quelqu'un dans leur village est responsable de leur chute, juste pour leur tromper le peu d'argent qui leur reste eux, alors qu'ils n'ont pas réalisé qu'ils ont causé eux-mêmes leurs problèmes en raison de leur ignorance, de leur arrogance, de leur orgueil et de leur négligence.

Beaucoup de gens sont dans cette situation aujourd'hui dont les entreprises se sont effondrées dans de nombreuses régions du pays et ils ne sauraient pas que c'est peut-être une chose aussi négligeable que la fierté qui a causé leurs problèmes.

Il se peut qu'il s'agisse simplement d'un client qu'ils ont insulté ou méprisé, simplement parce qu'il n'avait peut-être pas les moyens de payer pour leur article, et leur problème a commencé à partir de là, et depuis lors, tout ce qu'ils avaient serait simplement tombé à l'eau et ils ne seraient jamais capable de rassembler n'importe quoi dans leur vie entière jusqu'à ce qu'ils réalisent d'abord quelle est la cause du problème, puis se repentent de cet orgueil et ensuite implorent sincèrement le pardon avec un brisement envers Dieu pour avoir permis au diable de les utiliser.

Cela peut même être pire pour certaines personnes si le client qu'elles ont insulté est un homme de Dieu mais qui leur est inconnu. Certains pourraient subir cette calamité pour le reste de leur vie, mais ils ne sauraient même pas ce qui a causé le problème en premier lieu. Et si une personne ne sait même pas ce qui a causé ses problèmes, comment peut-elle trouver la solution ?

C'est un mystère que de nombreux propriétaires d'entreprise ne connaissent pas et ils continuent de perdre du temps et de l'argent à acquérir des entreprises et à construire des empires commerciaux qui finiraient par s'effondrer en raison d'une erreur prétendument petite ou négligente qu'ils ont commise dans le passé et qui surviendra un jour. et émiettent l'entreprise malgré tous les efforts qu'ils ont déployés pour soutenir l'entreprise.

PRIÈRES POUR ANNULER LES ERREURS PASSÉES QUI VEULENT FAIRE PANNER VOTRE ENTREPRISE

1. Chaque erreur que vous avez commise dans le passé et qui se prépare à émietter votre vie et vos affaires, je l'annule par l'autorité du Sang de Jésus-Christ. Amen.

2. Chaque petite chose ou erreur qui vous semble si négligeable mais qui semble si grande aux yeux de Dieu que Satan avec ses démons envisage de l'utiliser contre votre destin, dès maintenant par l'autorité dans le Sang de Jésus-Christ versé sur le croix du Calvaire, je l'annule et te libère dès maintenant au nom de Jésus. Amen.

3. Chaque personne que vous avez insultée sciemment ou inconsciemment au cours de votre vie ou de vos affaires et que le diable utilise contre vous, je l'annule maintenant et vous libère au nom de Jésus. Amen.

4. Chaque complot de l'ennemi avec ses démons pour disperser votre entreprise, pour faire échouer votre entreprise et vous faire revenir à la case départ, je prends autorité sur de tels complots contre votre vie et vos affaires en ce moment et je disperse de tels plans maintenant et je mets vous êtes libre au nom de Jésus. Amen.

5. Chaque malédiction satanique et démoniaque sur votre vie et vos affaires, par l'autorité du Sang de Jésus-Christ versé sur la croix du Calvaire, je l'annule dès maintenant au nom de Jésus. Amen.

6. Tous les pouvoirs qui ont juré de tourmenter votre vie et vos affaires, je les détruis avec le feu du Saint-Esprit en ce moment au nom de Jésus. Amen.

7. Tout pouvoir démoniaque ou satanique qui a pris votre vie en otage, je lui ordonne de mourir par le feu dès maintenant au nom de Jésus. Amen.

8. Par l'autorité dans le Sang de Jésus-Christ versé sur la croix du Calvaire, je vous libère de tous les mauvais sorts, malédictions et complots contre votre vie et contre vos affaires, de toute assemblée démoniaque, de tout esprit de surveillance, de tout autels démoniaques, de tout clan de sorcellerie, de tout clan occulte, du royaume marin, des pouvoirs de l'air, des pouvoirs des forêts, des pouvoirs de la terre, des malédictions ancestrales, de tout être humain vivant ou mort, de tout lien d'âme ou alliance démoniaque que vous avez conclu sciemment ou inconsciemment, je vous libère dès maintenant au nom puissant de Jésus-Christ. Amen.

ÉCRITURES À LIRE RÉGULIÈREMENT POUR LA RÉUSSITE DES ENTREPRISES
Comme le Seigneur me l'ordonne pendant que j'écris ceci, veuillez lire ces écritures ci-dessous régulièrement et quotidiennement pour votre succès commercial et votre percée financière.

Lisez-les tous les soirs avant de dormir et chaque matin au réveil et priez avec eux.

Psaume 23.
Psaume 24.
Psaume 91.
Psaume 32:7
Psaume 121.
Psaume 1 .
Psaume 145.

Faites-le pendant 30 jours consécutifs et voyez ce qui se passe. En le faisant, faites-le avec foi et le Seigneur prendra soin de votre situation au nom de Jésus. Amen.

La paix du Seigneur soit avec vous au nom de Jésus. Amen.

ÉCRITURES POUR LA MÉDITATION

Veuillez lire et méditer sur ces écritures et prier avec elles de temps en temps.

« *Et tout comme tu veux que les hommes te fassent, tu leur fais aussi de même.* » *(Luc 6:31)*

« *Comme chacun a reçu un don, donnez-le les uns aux autres, en bons intendants de la grâce multiple de Dieu.* » *(1er Pierre 4:10)*

« *Combattez le bon combat de la foi, saisissez la vie éternelle, à laquelle vous avez aussi été appelés et avez confessé la bonne confession en présence de nombreux témoins.* » *(1er Timothée 6:12)*

« *Car Dieu a tant aimé le monde qu'il a donné son Fils unique, afin que quiconque croit en lui ne périsse pas mais ait la vie éternelle. Car Dieu n'a pas envoyé son Fils dans le monde pour condamner le monde, mais pour que le monde par lui soit sauvé. Celui qui croit en lui n'est pas condamné ; mais celui qui ne croit pas est déjà condamné, parce qu'il n'a pas cru au nom du Fils unique de Dieu. (Jean 3:16-18)*

« *Car c'est par la grâce que vous avez été sauvés par la foi, et non par vous-mêmes ; c'est le don de Dieu, non des œuvres, de peur que quelqu'un ne se glorifie. Car nous sommes son ouvrage, créés en Jésus-Christ pour les bonnes œuvres, que Dieu a préparées d'avance pour que nous y marchions. (Ephésiens 2:8-10)*

CHAPITRE 8

BON SYSTÈME DE PRIX

« Les balances malhonnêtes sont en abomination au Seigneur, mais un poids juste fait ses délices. » (Proverbes 11 :1)

« 'Tu ne feras aucune injustice dans le jugement, dans la mesure de la longueur, du poids ou du volume. Tu auras une balance honnête, des poids honnêtes, un épha honnête et un hin honnête : je suis l'Éternel, ton Dieu, qui t'ai fait sortir du pays d'Égypte. » (Lévitique 19 :35-36)

" Car l'amour de l'argent est une racine de toutes sortes de maux, pour lesquels certains se sont éloignés de la foi en leur avidité, et se sont percés de beaucoup de douleurs. " (1er Timothée 6:10)

Avez-vous remarqué que les prix des biens et services sont toujours en augmentation ? Avez-vous déjà vu une situation où les prix continuent de baisser même lorsque les revenus des gens augmentent ? La norme est que les prix augmentent généralement avec le temps, que les revenus des personnes augmentent ou non, que les personnes trouvent ou non un emploi.

Je me demande souvent pourquoi les prix continuent d'augmenter, et maintenant le coût de nombreux articles est fondamentalement hors de portée de beaucoup de gens. Ainsi, de nombreuses entreprises luttent pour survivre en raison de l'effet de la pandémie de coronavirus qui a pris d'assaut le monde.

Mais malgré la fermeture de nombreuses entreprises, de nombreux autres établissements voient le jour et se développent pour devenir de grandes organisations. Ainsi, bien que beaucoup aient été touchés, beaucoup s'en donnent à cœur joie et font tant de retours. C'est un cas où la viande d'un homme est le poison d'un autre.

Si nous sommes tous les deux des fabricants et que je décide de vendre mon produit à 50 $ et que vous décidez de vendre le vôtre à 70 $ alors que les deux produits ont la même qualité, quelle est la tendance qu'un client qui est au courant des deux prix différents achèterait chez vous ? ? , sachant parfaitement qu'il tirera la même qualité et bénéficiera de chaque article, quel que soit l'endroit où il décide de l'acheter ?

S'il décide finalement de vous l'acheter alors qu'il savait qu'il pourrait l'obtenir moins cher ailleurs, alors il doit y avoir une certaine valeur perçue qu'il attache à votre produit qui l'a poussé à l'acheter malgré son coût plus élevé. Ou peut-être ignore-t-il que les deux sont de la même qualité et lui apporteraient le même avantage.

L'une des décisions les plus importantes que vous puissiez prendre en tant qu'entrepreneur est de déterminer les bons prix pour vendre vos produits et services. Cela peut être le facteur déterminant et peut faire ou gâcher votre entreprise. En fait, le prix est si important que toute petite augmentation ou réduction de votre prix peut augmenter ou diminuer vos rendements.

Vos clients compareront toujours les prix et décideront lequel choisir. Ils connaissent les prix de vos concurrents et des autres entreprises de votre secteur d'activité, mais ils ne décideront d'acheter chez vous que si votre prix leur convient ou si votre article leur offre plus de valeur que les autres.

Ils ne veulent jamais perdre leur argent, même s'il est petit, votre prix peut donc faire la différence dans votre quête du succès commercial. Si vous obtenez votre prix juste, vous avez déjà gagné beaucoup de clients sans le savoir car tôt ou tard ils viendraient acheter chez vous, sinon pour n'importe quoi, mais à cause de vos prix plus bas malgré la même qualité avec ceux qui facturent prix plus élevés.

La meilleure chose que vous puissiez faire pour votre entreprise est de vous assurer que vos prix sont modérés, tout en fournissant des produits et services d'excellente qualité. Si les gens savent qu'ils peuvent toujours acheter chez vous à des prix inférieurs, ils afflueront dans votre magasin et vous vendrez vos produits plus rapidement que les autres, entraînant ainsi un chiffre d'affaires élevé pour votre entreprise. Ceci est très important pour la croissance des entreprises.

Au lieu de vendre un article par jour dans votre boutique à un prix exorbitant, pourquoi ne pas vendre dix de ces articles à des prix inférieurs par jour et gagner plus d'argent ? Au lieu de vendre vingt articles par mois à un prix exorbitant, pourquoi ne pas en vendre une centaine par mois à un prix inférieur ? Plus vous vendez, plus votre chiffre d'affaires augmente.

Si vous êtes un débutant, il est presque obligatoire de commencer par des prix bas si vous voulez pérenniser votre entreprise et si vous voulez que les gens vous connaissent. Ils ne vous connaîtront pas à moins que quelque chose ne les attire vers vous et le moyen le plus simple est de les attirer grâce à vos prix plus bas.

N'avez-vous pas vu des entreprises qui vendent à des prix exorbitants mais qui manquent encore et sont incapables d'avancer alors que certaines qui vendent à des prix inférieurs avancent plus qu'elles ?

Ils pensent qu'en étant gourmands et en augmentant leurs prix si haut, cela ferait la différence, mais ils n'ont pas réalisé que parfois la bénédiction dans les affaires ne dépend pas de la hauteur de votre prix.

Parfois, la bénédiction dans les affaires dépend de votre satisfaction avec le peu que Dieu vous a donné et de votre désir d'acquérir de la richesse par l'honnêteté et des moyens authentiques au lieu de tricher et d'essayer de couper les coins ronds au détriment des autres.

Lorsque vous trompez les autres pour acquérir de la richesse, cela ne durera pas. C'est dangereux pour ta vie. C'est un piège pour votre âme par l'ennemi de piéger votre vie dans l'esclavage du dieu de Mammon. Faire attention!

Vous gagnerez de l'argent dans votre entreprise si vous êtes suffisamment fidèle et diligent. Tout ce qui sera pour vous ne passera pas à côté de vous, vous l'obtiendrez. Mais tout ce qui ne vous est pas destiné, enlevez vos yeux, ne le prenez pas car c'est un piège de l'ennemi contre votre vie et contre votre destin.

La paix du Seigneur soit avec vous au nom de Jésus. Amen.

PRIÈRES DE DÉLIVRANCE CONTRE LA cupidité et la convoitise

1. Chaque flèche maléfique de l'ennemi qui a été programmée dans votre vie pour vous faire prendre ce qui ne vous appartient pas, je la détruis au nom de Jésus. Amen.

2. Chaque mauvaise alliance que vous avez conclue sciemment ou inconsciemment en prenant des objets ou des propriétés qui ne vous appartiennent pas, je l'annule avec le Sang de Jésus-Christ. Amen.

3. Chaque autel maléfique dédié à surveiller votre vie et vos affaires pour vous faire commettre une erreur qui pourrait vous coûter la vie, je brise un tel mal en morceaux maintenant au nom de Jésus. Amen.

4. Tout démon ou esprit malin qui a été chargé de surveiller votre vie et de vous influencer négativement pour prendre ce qui ne vous appartient pas, je lui ordonne de mourir par le feu au nom de Jésus. Amen.

5. Puisque la convoitise est égale au péché d'idolâtrie, donc tout ce qui vous fera convoiter ce que Dieu n'a pas mis entre vos mains, commettant ainsi le péché d'idolâtrie, je l'annule dès maintenant au nom de Jésus. Amen.

6. Chaque complot diabolique de l'ennemi et de ses démons pour provoquer le péché d'avidité dans votre vie et vous faire convoiter des choses matérielles pour piéger votre âme, je l'annule dès maintenant au nom de Jésus. Amen.

7. Par l'autorité du sang de Jésus-Christ versé sur la croix du Calvaire, je vous libère de toutes les chaînes maléfiques de l'ennemi qui retiennent votre vie et vos affaires captives au nom de Jésus. Amen.

ÉCRITURES POUR LA MÉDITATION
Veuillez lire et méditer sur les écritures suivantes et prier avec elles.

« *Ne vous souciez de rien, mais en tout par la prière et la supplication, avec action de grâce, faites connaître à Dieu vos demandes ; et la paix de Dieu, qui surpasse toute intelligence, gardera vos cœurs et vos pensées par le Christ Jésus. (Phillipiens 4:6-7)*

" *Mieux vaut le pauvre qui marche dans son intégrité Qu'un pervers dans ses voies, bien qu'il soit riche.* " *(Proverbes 28:6)*

« *Celui qui augmente ses biens par l'usure et l'extorsion, le recueille pour celui qui aura pitié des pauvres. » (Proverbes 28:8)*

« *'Vous ne volerez pas, vous ne vous tromperez pas, vous ne vous mentirez pas les uns aux autres.' » (Lévitique 19 :11)*

« *Ne vous mentez pas les uns aux autres, car vous avez dépouillé le vieil homme avec ses actes, et vous avez revêtu l'homme nouveau qui est renouvelé dans la connaissance à l'image de celui qui l'a créé » (Colossiens 3:9-10)*

« *En effet, le salaire des ouvriers qui ont fauché vos champs, que vous avez retenu par fraude, crie ; et les cris des moissonneurs sont parvenus aux oreilles du Seigneur de Sabaoth. (Jacques 5:4)*

« *Ne travaillez pas trop pour être riche ; À cause de votre propre compréhension, cessez ! (Proverbes 23:4)*

CHAPITRE 9

ÉTUDIER VOS CLIENTS

« Qui peut monter sur la colline du Seigneur ? Ou qui peut se tenir dans son lieu saint ? Celui qui a les mains propres et le cœur pur, Qui n'a pas élevé son âme à une idole, Ni juré par tromperie. Il recevra la bénédiction du Seigneur et la justice du Dieu de son salut. (Psaume 24:3-5)

L'être humain est l'une des créatures les plus complexes à la surface de cette terre. Les humains sont de nature si complexe qu'il est vraiment difficile de les comprendre. Peu importe à quel point vous essayez, vous ne pouvez pas comprendre tout le monde.

Les gens changent souvent et si vous pensez comprendre une personne, vous serez peut-être surpris qu'après un long moment, la personne ait beaucoup changé dans sa personnalité. Au fil des jours, les gens évoluent et se débarrassent de leur ancien moi et revêtent de nouvelles personnalités. C'est l'une des choses qui rendent les gens complexes par nature et difficiles à comprendre.

L'un des éléments importants de l'entreprise est de connaître votre client. Chaque entrepreneur a affaire à différents types de personnes tous les jours. Quelle que soit votre expérience en affaires, tant que vous interagissez avec des gens, vous continuerez à rencontrer des gens avec toutes sortes de tendances comportementales étranges que vous n'avez jamais rencontrées auparavant.

Si vous pensez avoir tout vu, retenez-le car tôt ou tard, vous rencontrerez probablement quelqu'un que vous n'avez jamais rencontré auparavant et de qui vous apprendrez quelque chose de nouveau.

Pour bien vendre vos produits et services, vous devez en savoir beaucoup sur vos clients. Vous devez faire un effort conscient pour les étudier si vous devez rester en affaires.

Avec quel genre de personnes avez-vous affaire et pourquoi vous condescendent-elles même ? Pourquoi viendraient-ils jusqu'au bout et contourneraient tous les magasins vendant des produits similaires et ne viendraient ensuite que dans votre magasin pour acheter chez vous ?

Cela signifie qu'il doit y avoir quelque chose de spécial que vous leur offrez que d'autres n'offrent pas. Cela signifie qu'il y a une chose spéciale qui les attire vers votre entreprise pour vous fréquenter aux dépens des autres concurrents.

Si vous voulez aller loin dans votre entreprise en tant qu'entrepreneur, ne vous laissez pas emporter par les ventes que vous réalisez. Ne laissez pas cela vous détendre et ne planifiez pas à l'avance certaines choses sur votre entreprise qui peuvent l'améliorer.

Vous devez constamment faire votre enquête client et rassembler toutes les informations nécessaires sur votre entreprise et sur vos clients et les utiliser pour planifier à l'avance, afin que vous puissiez avoir une longueur d'avance sur vos concurrents.

Puisque les êtres humains sont complexes par nature, vous devez concevoir un plan stratégique pour les amener à vous révéler certaines choses que vous n'auriez pas su normalement.

Vous pouvez y parvenir en ayant de bonnes relations avec vos clients et grâce à cela, ils seront libres de vous dire ce qu'ils pensent. Soyez amical avec eux et soyez prêt à supporter le rejet de beaucoup d'entre eux. Tout le monde ne rendra pas votre geste à coup sûr, mais ne vous inquiétez pas, passez à la personne suivante.

Réussir en affaires est une combinaison de plusieurs facteurs qui aident une entreprise à réussir. Mais l'élément le plus important de toute entreprise est le client et la satisfaction de ses besoins.

Si vous n'avez pas le zèle pour gérer votre entreprise et que vous êtes trop sceptique et négatif dès le début, il vous sera difficile de progresser. C'est parce que vous avez besoin d'une forte détermination pour le faire et d'un état d'esprit positif pour atteindre vos objectifs, quelles que soient les chances.

Par-dessus tout, vous avez besoin de la main surnaturelle du Seigneur pour être avec vous dans vos affaires et aucune puissance des ténèbres ne peut s'approcher de vous. Tout va bien avec vous au nom de Jésus.

La paix du Seigneur soit avec vous au nom de Jésus. Amen.

Conseils sur les enquêtes auprès des entreprises et des clients

1. Étudiez vos clients pour connaître leurs commentaires sur votre entreprise ou votre entreprise.

2. Étudiez régulièrement vos clients pour savoir ce qu'ils veulent et trouvez un moyen de leur donner ce qu'ils veulent.

3. Étudiez vos clients pour connaître leur attitude et leurs points de vue à l'égard de votre produit ou service nouvellement introduit.

4. Découvrez auprès de vos clients ce qu'ils pensent de vos concurrents. Ces informations pertinentes vous aideront à savoir comment ajuster votre propre entreprise.

5. Créez des produits et services qui répondent aux désirs et aspirations de vos clients.

6. Créez des produits et services, dans la mesure du possible, que vos clients peuvent se permettre.

7. Créez des produits et services adaptés à une certaine catégorie ou groupe de clients.

8. Créez des produits et des services qui ne sont pas communs, qui sont rares à trouver, afin que vous soyez unique et indispensable dans ce secteur d'activité.

9. Posez à vos clients des questions d'approfondissement pertinentes et des questions de suivi pour recueillir des informations sur votre entreprise, le secteur dans lequel vous opérez et sur l'économie en général. Utilisez des questionnaires si nécessaire pour avoir une entrée documentée de leurs réponses.

10. Renseignez-vous auprès d'eux sur le type de produit ou de service qu'ils aimeraient que votre entreprise lance sur le marché. La plupart du temps, c'est en fonction des besoins des gens que les produits et services sont créés. Vous pouvez être le premier à créer un produit ou un service dont les gens ont besoin dans votre pays. Oui, vous pouvez!

PRIÈRES POUR LA FAVEUR ET L'ABONDANCE SURNATURELLES

1. Pendant que vous naviguez dans votre entreprise, le Seigneur ouvrira les cieux pour vous et vous accordera la faveur dont vous avez besoin aux yeux des personnes que vous rencontrez tous les jours de votre vie au nom de Jésus. Amen.

2. Vous avez besoin d'une abondance de faveurs surnaturelles dans votre vie et le Seigneur vous enverra une faveur surnaturelle peu commune de son sanctuaire au nom de Jésus. Amen.

3. Tout ce sur quoi vous mettrez la main réussira au nom de Jésus. Amen.

4. Tout ce que vous imposerez vos mains prospérera au nom de Jésus. Amen.

5. Aucune main de l'ennemi ne s'approchera de votre vie et de vos affaires au nom de Jésus. Toute main de l'ennemi qui essaie de venir frustrer votre vie et vos affaires, je lui ordonne de se tarir au nom de Jésus. Amen.

6. Je décrète des bénédictions rares et une abondance financière dans votre vie en ce moment au nom de Jésus. Amen.

7. Je décrète une augmentation surnaturelle rare dans votre vie et votre famille en ce moment au nom de Jésus. Amen.

8. Je décrète que votre entreprise réussira et s'étendra à toutes les parties du pays et à d'autres parties du monde au nom de Jésus. Amen.

9. Je décrète que les gens vous chercheront et rechercheront vos produits et services dans tout le pays et dans le monde entier au nom de Jésus. Amen.

10. Je décrète l'onction du Seigneur dès maintenant dans votre vie et vos affaires au nom de Jésus. Amen

11. Chaque esprit d'endettement et de manque dans votre vie et vos affaires que l'ennemi a programmé pour vous embarrasser, je commande au feu du Saint-Esprit de le détruire maintenant au nom de Jésus. Amen.

ÉCRITURES POUR LA MÉDITATION
Veuillez méditer sur ces écritures et prier avec elles.

« Rois de la terre et de tous les peuples ; Princes et tous les juges de la terre ; Les jeunes hommes et les jeunes filles ; Vieillards et enfants. Qu'ils louent le nom du Seigneur, car son nom seul est exalté ; Sa gloire est au-dessus de la terre et du ciel. Et il a exalté la corne de son peuple, la louange de tous ses saints, des enfants d'Israël, un peuple proche de lui. Louez le Seigneur ! (Psaume 148:11-14)

« Mais mes yeux sont sur toi, ô Dieu le Seigneur ; En Toi je me réfugie ; Ne laisse pas mon âme sans ressources. Garde-moi des pièges qu'ils m'ont tendus, Et des pièges des ouvriers d'iniquité. Que les méchants tombent dans leurs propres filets, Pendant que je m'évade sain et sauf. (Psaume 141:8-10)

« Oh, rends grâce au Seigneur, car il est bon ! Car sa miséricorde dure à jamais.
Oh, rends grâce au Dieu des dieux ! Car sa miséricorde dure à jamais.
Oh, rends grâce au Seigneur des seigneurs ! Car sa miséricorde dure à toujours :
A celui qui seul fait de grandes merveilles, Car sa miséricorde dure à toujours ;
A celui qui par la sagesse a fait les cieux, Car sa miséricorde dure à toujours ;
À celui qui a étendu la terre au-dessus des eaux, Car sa miséricorde dure à toujours ; »
(Psaume 136:1-6)

« Béni soit celui qui craint le Seigneur, qui marche dans ses voies.
Quand tu mangeras le travail de tes mains, tu seras heureux, et tout ira bien pour toi. »
(Psaume 128 :1-2)

« Que le pied de l'orgueil ne vienne pas contre moi, Et que la main des méchants ne me chasse pas. »
(Psaume 36 :11)

CHAPITRE 10

PROMOS RUNNING & DONNER DES BONUS

« Donnez, et il vous sera donné : une bonne mesure, pressée, secouée, et débordante sera mise dans votre sein. Car avec la même mesure que vous utilisez, elle vous sera mesurée." (Luc 6:38)

« Je vous ai montré de toutes les manières, en travaillant ainsi, que vous devez soutenir les faibles. Et rappelez-vous les paroles du Seigneur Jésus, qu'Il a dit, 'Il y a plus de bonheur à donner qu'à recevoir.' " (Actes 20:35)

L'un des moyens les plus simples de communiquer avec vos clients et de les rendre heureux est de leur offrir des cadeaux. Tout le monde aime être apprécié. Tout le monde aime recevoir un cadeau. Mais vos clients sont spéciaux car ils sont le fil conducteur de votre entreprise.

Il y a quelque chose de si puissant dans le don que beaucoup de gens ne savent pas. Donner a une force spirituelle derrière lui qui récompense le donateur tôt ou tard. Donner est une bénédiction pour celui qui donne, mais cela doit être fait avec de bonnes intentions.

C'est tellement gratifiant de donner parce que c'est un acte d'amour et cela ne devrait pas seulement être fait dans votre vie personnelle mais aussi dans votre entreprise. Mais ici, le but est de vous gagner plus de clients et d'augmenter vos ventes car plus vous avez de clients, plus vous ferez de ventes.

Vous devez donc concevoir une stratégie pour redonner à vos clients sous la forme de bonus spéciaux et de cadeaux attrayants qui vous rendront irrésistible pour eux. Il leur sera difficile de vous quitter et de fréquenter vos concurrents car ils savent que vous les apprécierez toujours.

L'un des moyens de renforcer la confiance et d'obtenir des clients fidèles est de leur offrir des articles gratuits, des services gratuits et de nombreux bonus. Ils l'apprécient tellement, mais beaucoup d'entreprises ne le savent pas. Bien qu'il ne soit pas facile d'offrir des cadeaux, c'est une stratégie marketing sûre pour augmenter les ventes et fidéliser vos clients.

Conseils pour organiser des promotions et offrir des cadeaux

1. Donnez à chaque client qui achète une certaine quantité une sorte de remise automatique.

2. Assurez-vous d'organiser une promotion pour votre entreprise à intervalles réguliers, en particulier pendant les fêtes de fin d'année, lorsque les gens dépensent beaucoup et que de plus en plus de gens seront en ville à la recherche d'articles à acheter.

3. Indiquez clairement par écrit les bonus et les cadeaux disponibles et les termes et conditions pour en bénéficier.

4. Assurez-vous que ce que vous offrez dans votre forfait bonus est unique et ne peut être obtenu ailleurs.

5. Si vous fournissez des services, envisagez d'avoir différents niveaux de prix pour le même service, mais avec des remises dans la mesure du possible.

6. Ne soyez pas trop rigide en affaires si vous voulez aller loin. Soyez flexible et envisagez la négociation. Faites en sorte que vos biens ou services soient négociables dans la mesure du possible. Cela vous permettra de ne pas perdre certains clients qui voudraient négocier avec vous.

7. Si votre entreprise consiste à rendre des services, envisagez de proposer des services gratuits pour attirer de nouveaux clients qui ne vous font pas encore confiance et qui n'ont jamais acheté vos services auparavant, afin de les encourager à vous fréquenter. S'ils sont satisfaits de vos services, ils feront connaître votre entreprise.

PRIÈRES POUR APPORTER DE BONS CLIENTS

1.Alors que vous semez la graine du travail acharné et du dévouement dans votre entreprise, le Seigneur récompensera vos efforts et bénira abondamment les œuvres de vos mains au nom de Jésus. Amen.

3. Le Seigneur dirigera de bons clients vers votre entreprise qui achèteront de grandes quantités de vos biens et services au nom de Jésus. Tout mauvais client qui vous causera des pertes, je les aveugle spirituellement pour ne jamais pouvoir vous localiser au nom de Jésus. Amen.

2. Tout client qui vous causera des problèmes, le Seigneur ne permettra même pas à un tel client de connaître la direction de votre magasin ou de votre bureau au nom de Jésus. Amen.

3. Tout client qui a été envoyé en tant qu'agent des ténèbres pour surveiller et déstabiliser votre entreprise, le Seigneur aveuglera leurs yeux et leurs oreilles spirituellement pour ne même pas connaître votre boutique et je détruirai leurs plans diaboliques contre votre entreprise au nom de Jésus. Amen.

4. Tout client qui a été envoyé en tant qu'agent des ténèbres pour causer des problèmes dans votre entreprise afin de vous endetter, par l'autorité du Sang de Jésus-Christ, je détruis leurs plans diaboliques en ce moment au nom de Jésus. Amen.

5. Tout client qui a été envoyé par Satan et ses démons pour venir chercher n'importe quel article dans votre boutique pour qu'il l'utilise comme point de contact pour détruire votre entreprise, par l'autorité du Sang de Jésus-Christ, je détruis leur mal plans en ce moment au nom de Jésus. Amen.

6. Toute personne de votre famille qui est un esprit de surveillance ou un agent de Satan et qui n'est pas content de votre entreprise et qui est utilisé par Satan et ses démons pour obtenir des informations vitales sur votre entreprise afin de vous faire du mal ou de causer l'effondrement de votre entreprise, par l'autorité du Sang de Jésus-Christ, j'annule tous leurs plans diaboliques en ce moment au nom de Jésus. Amen.

7. Je vous couvre, vous et votre famille, du précieux Sang de Jésus-Christ. Je décrète l'abondance surnaturelle dans votre vie que tout ce que vous faites, peu importe le peu que vous commencez, s'épanouira et deviendra grand au nom de Jésus. Amen.

La paix du Seigneur soit avec vous au nom de Jésus. Amen.

ÉCRITURES POUR LA MÉDITATION
Veuillez lire et méditer sur les écritures suivantes.

« Mais je dis ceci : celui qui sème avec parcimonie moissonne aussi avec parcimonie, et celui qui sème abondamment moissonne aussi abondamment. Que chacun donne donc selon ses desseins dans son cœur, non à contrecœur ou par nécessité ; car Dieu aime celui qui donne joyeusement. *(2 Corinthiens 9:6-7)*

"Prenez garde de ne pas faire vos œuvres charitables devant les hommes, pour être vus d'eux. Sinon, vous n'avez aucune récompense de la part de votre Père céleste. C'est pourquoi, lorsque vous faites une œuvre charitable, ne sonnez pas de la trompette devant vous comme les hypocrites faites dans les synagogues et dans les rues, afin qu'ils soient glorifiés par les hommes. Je vous le dis, je vous le dis, ils ont leur récompense. Mais quand vous faites une œuvre charitable, ne laissez pas votre main gauche savoir ce que fait votre main droite , afin que votre action charitable soit en secret, et votre Père qui voit en secret vous récompensera lui-même ouvertement. *(Matthieu 6 :1-4)*

« Ne refuse pas le bien à ceux à qui il est dû, quand il est au pouvoir de ta main. » *(Proverbes 3:27)*

« Celui qui a pitié des pauvres prête au Seigneur, et il rendra ce qu'il a donné. » *(Proverbes 19:17)*

« Mais n'oubliez pas de faire le bien et de partager, car de tels sacrifices Dieu se complaît. » *(Hébreux 13:16)*

« Celui qui donne aux pauvres ne manquera pas, Mais celui qui cache ses yeux aura beaucoup de malédictions. » *(Proverbes 28:27)*

« Et mon Dieu pourvoira à tous vos besoins selon ses richesses en gloire par le Christ Jésus. » *(Philippiens 4:19)*

CHAPITRE 11

UNE BONNE COMMUNICATION AVEC VOS CLIENTS

« Ne laisse sortir de ta bouche aucune parole corrompue, mais ce qui est bon pour l'édification nécessaire, afin qu'elle donne la grâce aux auditeurs. » (Ephésiens 4:29)

« Que votre parole soit toujours avec grâce, assaisonnée de sel, afin que vous sachiez comment vous devez répondre à chacun. » (Colossiens 4:6)

"Une réponse douce éloigne la colère, Mais un mot dur attise la colère." (Proverbes 15:1)

Dans tous les aspects de la vie, la communication est très importante et cela s'applique également à votre entreprise. Cela peut faire une grande différence lorsqu'il est manipulé correctement. Étant donné que la communication est un trafic bidirectionnel, elle doit être effectuée correctement, sinon l'essence sera perdue.

Parfois, vous essayez peut-être de faire passer un message à vos clients, mais ils peuvent ne pas le comprendre parce qu'il n'est pas correctement communiqué. Il ne suffit donc pas de les contacter, mais comprennent-ils votre message ?

L'avez-vous communiqué dans la langue qu'ils comprendront ? Les avez-vous étudiés pour connaître la meilleure façon de leur communiquer votre message qui les fera vous comprendre ?

Les gens sont si divers avec des croyances et des cultures différentes. L'un des moyens de les amener à vous fréquenter est de comprendre les choses de base à leur sujet et de communiquer avec eux dans la langue qu'ils comprendront et apprécieront. Vous atteindrez ainsi vos objectifs plus rapidement.

Les gens sont généralement conservateurs et sceptiques face aux nouveautés. Vous devez réaliser que parfois ils ont tellement d'options à choisir et que chaque vendeur fait de son mieux pour les convaincre d'acheter chez eux.

Ainsi, il peut parfois être très déroutant pour un client de choisir lorsqu'il est confronté à de nombreuses options. C'est pourquoi vous devez savoir comment communiquer clairement avec eux de la meilleure façon qu'ils comprennent et apprécient votre message.

Souvent, ce n'est pas vraiment le message que vous essayez de faire passer, mais la façon dont vous faites passer le message compte. Il peut facilement être mal compris s'il n'est pas correctement communiqué. L'essence de celui-ci peut être perdue et cela deviendra une perte de temps si vous n'êtes pas qualifié dans l'art de la communication d'entreprise.

Peu importe la taille de votre entreprise. Chaque entreprise doit s'assurer que son canal de communication avec ses clients est ouvert et accessible à tout moment.

Conseils pour maintenir la communication avec vos clients

1. Contactez vos clients et prospects de temps en temps. Beaucoup de clients et de clients potentiels apprécient tellement cela.

2. Suivi des clients potentiels à intervalles réguliers par le biais d'appels téléphoniques, de courriers ou de chats Whatsapp.

3. Envoyez-leur des messages pendant les périodes festives pour leur souhaiter bonne chance. Cela leur fera savoir que vous vous souciez d'eux.

4. Ne harcelez pas vos clients avec trop d'appels téléphoniques. Cela peut être un arrêt complet pour la plupart des gens lorsque vous les dérangez trop avec des appels téléphoniques. Respectez leur vie privée et ne les appelez qu'à des intervalles raisonnables.

5. Des canaux de communication appropriés et bien surveillés peuvent transformer un client potentiel en un client acheteur.

6. Traitez rapidement les plaintes des clients et ne les faites pas attendre indéfiniment pour qu'un problème soit résolu. Cela peut entraîner du ressentiment et de la frustration de la part de votre client et peut vous faire perdre ce client.

PRIÈRE POUR LA FAVEUR FINANCIÈRE, LES CIEL OUVERT ET LA PERCÉE FINANCIÈRE DANS VOTRE ENTREPRISE

1. Je décrète et déclare par l'autorité dans la parole du Seigneur dans le livre de Job 22:28 et par l'autorité dans le Sang de Jésus-Christ versé sur la croix du Calvaire, que désormais le Seigneur vous donnera le grâce d'être inspiré par de bonnes idées commerciales qui feront passer votre entreprise au niveau supérieur au nom de Jésus. Amen.

2. Je décrète que chaque bonne idée commerciale qui vous inspire, le Seigneur vous enverra les bonnes personnes ou la bonne équipe qui s'associeront avec vous afin de l'exécuter au nom de Jésus. Amen.

3. Je décrète des cieux ouverts continus de faveur financière dans tous les aspects de votre vie et de vos affaires au nom de Jésus. Amen.

4. Je décrète que même en cas de difficultés financières dans votre pays ou votre ville, vous ne verrez aucune difficulté financière dans votre entreprise et qu'il y aura des cieux ouverts permanents pour vous au nom de Jésus. Amen.

5. Je décrète que vous ne manquerez jamais de bonne chose dans votre vie au nom de Jésus. Amen.

6. Je décrète que vous ne manquerez jamais d'argent dans votre vie au nom de Jésus. Amen

7. Je décrète que l'argent dont vous avez besoin pour développer votre entreprise, le Seigneur vous le donnera au nom de Jésus. Amen.

8. Je décrète que le gouvernement ne fermera pas votre entreprise au nom de Jésus. Amen.

9. Je décrète qu'aucune puissance des ténèbres ne s'approchera de vos affaires au nom de Jésus. Amen.

10. Je décrète et déclare par l'autorité du Sang de Jésus-Christ que tous les pouvoirs démoniaques qui ont été programmés pour vous mettre en place afin de faire échouer votre entreprise, j'ordonne au feu du Saint-Esprit de détruire leurs pouvoirs en ce moment en Jésus Nom. Amen.

11. Je décrète une faveur financière peu commune et une percée financière peu commune dans votre entreprise en ce moment au nom de Jésus. Amen.

ÉCRITURES POUR LA MÉDITATION

Veuillez méditer sur ces écritures et prier avec elles.

« Ma voix, tu l'entendras au matin, ô Seigneur ; Au matin, je te l'adresserai, et je lèverai les yeux. (Psaume 5:3)

« Béni soit l'homme qui ne marche pas dans le conseil des impies, ni ne se tient sur le chemin des pécheurs, ni ne s'assied sur le siège des méprisants ; Mais son plaisir est dans la loi du Seigneur, Et dans sa loi il médite jour et nuit. Il sera comme un arbre planté près des fleuves d'eau, qui produit son fruit en sa saison, dont la feuille ne se fanera pas non plus ; Et tout ce qu'il fera prospérera. (Psaume 1:1-3)

« Conduis-moi, Seigneur, dans ta justice à cause de mes ennemis ; Fais ton chemin droit devant ma face. (Psaume 5:8)

« Les pas de l'homme de bien sont ordonnés par le Seigneur, Et il prend plaisir à son chemin. S'il tombe, il ne sera pas complètement abattu ; Car le Seigneur le soutient de sa main. (Psaume 37:23-24)

« Certes, la bonté et la miséricorde me suivront tous les jours de ma vie ; Et j'habiterai dans la maison du Seigneur pour toujours. (Psaume 23:6)

« Ainsi donc, mes frères bien-aimés, que tout homme soit prompt à entendre, lent à parler, lent à la colère ; car la colère de l'homme ne produit pas la justice de Dieu. (Jacques 1:19-20)

« Il y en a un qui parle comme les percements d'une épée, Mais la langue du sage favorise la santé. » (Proverbes 12:18)

« Dans la multitude des mots, le péché ne manque pas, mais celui qui retient ses lèvres est sage. » (Proverbes 10 :19)

« Et ne nous lassons pas en faisant le bien, car en son temps nous moissonnerons si nous ne perdons pas courage. Par conséquent, comme nous en avons l'occasion, faisons du bien à tous, en particulier à ceux qui sont de la maison de la foi. » (Galates 6:9-10)

CHAPITRE 12

POURQUOI LA PATIENCE EST VITALE

« Reposez-vous dans le Seigneur et attendez-le patiemment ; Ne t'inquiète pas à cause de celui qui prospère dans sa voie, À cause de l'homme qui fait s'accomplir de méchants projets. Cessez de colère, et abandonnez la colère; Ne vous inquiétez pas, cela ne fait que nuire. Car les méchants seront retranchés ; Mais ceux qui s'attendent au Seigneur, Ils hériteront la terre. Encore un peu de temps et les méchants ne seront plus; En effet, vous chercherez soigneusement sa place, mais elle ne sera plus. » (Psaume 37:7-10)

Avez-vous travaillé si dur, prié et jeûné et attendu que le Seigneur vous bénisse, mais vous n'avez pas encore vu d'amélioration ? Avez-vous essayé tout ce qui était possible, mais vous n'avez pas encore constaté de changements ? La situation financière de votre entreprise vous inquiète tellement et vous êtes sur le point d'abandonner ?

Le Seigneur Jésus vous aime et il vous appelle aujourd'hui pendant que vous lisez ceci. Le Seigneur vous dit de ne pas abandonner mais de continuer à essayer et il répondra bientôt à vos prières. Si vous avez essayé tout ce qui était possible et que cela n'a pas fonctionné ou n'a pas encore fonctionné, alors faites preuve de patience. Essayez d'attendre continuellement et n'abandonnez jamais, quelles que soient les circonstances.

Si vous avez essayé tout ce que vous savez et que cela n'a pas encore fonctionné, alors tenez bon car très bientôt vous commencerez à voir des résultats et le Seigneur vous ouvrira de nouvelles portes de grâce et d'opportunités.

Vous ne devez jamais abandonner, peu importe la situation. Vous ne devez jamais permettre à l'ennemi de vous embrouiller et de vous mentir que le Seigneur ne peut pas le faire pour vous. Ne laissez jamais les mensonges de Satan et de ses démons vous faire vous sentir mal à propos de votre situation financière ou de votre vie.

La Bible dit que tout concourt au bien de ceux qui croient. Vous devez savoir que le retard n'est pas un déni. Parfois, cela peut venir tester votre foi ou vous aider à construire votre vie et votre résistance, de sorte que lorsque finalement les fruits de votre travail commenceront à se manifester, vous sachiez comment le gérer.

Si vous voulez réussir en affaires, vous devez être patient car tout ce que vous voulez ne vous viendra pas quand vous le désirez.

Vous devez apprendre à supporter de nombreux défis dans votre entreprise et attendre que le Seigneur le fasse pour vous au bon moment. Le bon moment pour que Dieu vous bénisse est le meilleur moment pour vous, pas le vôtre, mais celui de Dieu.

Si vous insistez pour ne pas attendre le temps de Dieu et que vous le précipitez, cela peut être très dangereux pour votre vie car vous pouvez manquer la bénédiction que Dieu vous a assignée. Vous pouvez manquer beaucoup de faveurs et d'opportunités que Dieu a programmées pour vous.

Apprenez à attendre le temps de Dieu si vous avez tout essayé et que cela n'a pas fonctionné. Il y a une raison pour laquelle cela vous arrive. Il y a une raison pour laquelle le Seigneur a fait en sorte que cela vous arrive. Car il n'y a rien qui se passe à la surface de cette terre dont le Seigneur ne soit pas conscient. Rien n'arrive tout seul, tout arrive pour une raison.

La patience est la clé dans les affaires. Tous ceux qui vous contactent ne vous fréquenteront pas immédiatement, certains prendront leur temps. Si vous vous occupez bien d'eux lorsqu'ils viennent vous renseigner sur votre entreprise et vos offres, ils reviendront et vous fréquenteront plus tard dans le futur. Ils se souviendront toujours à quel point vous avez été gentil avec eux ou à quel point votre personnel les a traités avec soin et ils reviendront.

Sois patient. Attendez votre temps et ne précipitez pas votre vie ou ne suivez pas les gens qui servent Satan en pensant que les choses se passent sans processus.

Il existe des processus, des protocoles et des procédures impliqués dans les choses de Dieu et votre propre processus peut ne pas être le même que celui d'une autre personne. Attendez donc que Dieu vous dévoile votre propre processus et attendez qu'Il vous dise qu'il est temps.

Quand c'est le temps de Dieu pour votre vie, aucun homme ne peut l'arrêter, mais si vous précipitez votre vie, vous manquerez le programme de Dieu pour vous et avant de vous en rendre compte, il aurait été trop tard.

C'est pourquoi beaucoup de gens ont raté leurs destins glorieux parce qu'ils n'ont pas été assez patients pour attendre leur heure. Ils ont été induits en erreur par Satan et ses démons en pensant qu'ils pourraient l'obtenir en coupant les coins ronds ou en trichant ou en adorant Satan.

Alors ils ont vendu leurs âmes à Satan en échange de la richesse, mais aujourd'hui ils le regrettent et souhaitent pouvoir remonter le temps.

Ils souhaitent ne jamais s'être impliqués dans un tel gâchis mais hélas c'est déjà trop tard car on leur a menti et ils ont cru au mensonge de Satan et de ses agents démoniaques dont le seul but est de voler, tuer et détruire. Faire attention!

Si vous continuez à croire et à être fidèle au Seigneur, il ne vous laissera jamais tomber. Il sera avec vous et votre entreprise. Il vous relèvera au bon moment.

Alors n'abandonnez pas, le Seigneur est votre force.

La paix du Seigneur soit avec vous au nom de Jésus. Amen.

PRIÈRES POUR BRISER LES SORTS DÉMONIAQUES, LES JOUETS ET LES MALÉDICTIONS DEMONIQUES SUR VOTRE ENTREPRISE ET FINANCES

1. Par l'autorité du sang de Jésus-Christ versé sur la croix du Calvaire, je brise tout sort ou malédiction démoniaque sur vos affaires et sur vos finances en ce moment au nom de Jésus. Amen.

2. Par le pouvoir du Saint-Esprit, je brise toute malédiction de l'ennemi sur vos finances à la suite de toute erreur que vous avez commise dans le passé au nom de Jésus. Amen.

3. Par l'autorité du Sang de Jésus-Christ versé sur la croix du Calvaire, je vous libère de tous pouvoirs de sorcellerie, de toutes malédictions ancestrales, de tous pouvoirs ancestraux, de toutes malédictions de tout être humain vivant ou mort, je mets vous êtes libre maintenant au nom de Jésus. Amen.

4. Je décrète et déclare que vous ne serez jamais honteux au nom de Jésus. Amen.

5. Chaque complot de l'ennemi pour vous causer une gêne financière, je l'annule maintenant au nom de Jésus. Amen.

6. Je décrète et déclare un redressement complet de votre entreprise et de vos finances au nom de Jésus. Amen.

ÉCRITURES POUR LA MÉDITATION

Veuillez méditer sur ces écritures et prier avec elles.

« Ne vous souciez de rien, mais en tout par la prière et la supplication, avec action de grâce, faites connaître à Dieu vos demandes ; et la paix de Dieu, qui surpasse toute intelligence, gardera vos cœurs et vos pensées par le Christ Jésus. (Philippiens 4:6-7)

« Mais ceux qui s'attendent au Seigneur renouvelleront leur force ; Ils monteront avec des ailes comme des aigles, Ils courront et ne se lasseront pas, Ils marcheront et ne faibliront pas. (Esaïe 40:31)

« La fin d'une chose vaut mieux que son commencement ; Le patient d'esprit est meilleur que l'orgueilleux d'esprit. Ne te hâte pas dans ton esprit de te mettre en colère, car la colère repose dans le sein des insensés. » (Ecclésiaste 7:8-9)

« Car vous avez besoin de persévérance, afin qu'après avoir fait la volonté de Dieu, vous puissiez recevoir la promesse : » (Hébreux 10 :36)

« Soyez donc patients, frères, jusqu'à la venue du Seigneur. Voyez comment le fermier attend le précieux fruit de la terre, l'attendant patiemment jusqu'à ce qu'il reçoive la première et la dernière pluie. Soyez également patient. Affermissez vos cœurs, car la venue du Seigneur est proche. » (Jacques 5:7-8)

« J'ai attendu patiemment le Seigneur ; Et Il s'inclina vers moi, Et entendit mon cri. Il m'a aussi fait sortir d'une fosse horrible, De l'argile bourbeuse, Et a posé mes pieds sur un rocher, Et a établi mes pas. Il a mis une nouvelle chanson dans ma bouche : Louange à notre Dieu ; Beaucoup le verront et craindront, Et feront confiance au Seigneur. » (Psaume 40:1-3)

« Attendez-vous au Seigneur ; Ayez bon courage, et il fortifiera votre cœur ; Attends, dis-je, au Seigneur ! (Psaume 27:14)

CHAPITRE 13

POURQUOI AVEZ-VOUS BESOIN D'UN GESTIONNAIRE DE MÉDIAS SOCIAUX

« Si le Seigneur ne bâtit la maison, ceux qui la bâtissent travaillent en vain ; À moins que le Seigneur ne garde la ville, Le gardien reste éveillé en vain. C'est en vain que vous vous levez de bonne heure, Pour vous asseoir tard, Pour manger le pain de douleur ; Car c'est ainsi qu'il donne le sommeil à son bien-aimé. (Psaume 127 : 1-2)

Si vous souhaitez élever votre entreprise vers de plus hauts sommets, vous avez besoin d'un gestionnaire de médias sociaux pour gérer toutes vos pages commerciales sur plusieurs plateformes de médias sociaux.

Un gestionnaire de médias sociaux peut être une personne ou une équipe de personnes à qui vous attribuez le rôle de superviser le fonctionnement de vos pages de médias sociaux.

Un gestionnaire de médias sociaux est très important dans votre entreprise si vous voulez vraiment avoir un impact fort sur les cercles de médias sociaux.

Plus vous avez de présence sur les réseaux sociaux, plus les gens connaissent votre entreprise et plus vous ferez de revenus, car les gens n'achèteront qu'à ceux qu'ils connaissent.

STRATÉGIES DE GESTION DES RÉSEAUX SOCIAUX

En tant que propriétaire d'entreprise, vous devez élaborer une stratégie pour la gestion de vos médias sociaux.

Vous devez disposer d'une équipe pour gérer vos profils et pages de réseaux sociaux et gérer vos campagnes et publicités sur les réseaux sociaux.

Si vous avez un gestionnaire de médias sociaux ou une équipe de médias sociaux, vous devez leur attribuer leurs responsabilités, qui doivent être clairement définies par écrit avant d'engager votre équipe dans ses tâches.

Votre responsable des médias sociaux doit bien connaître ce rôle afin de s'acquitter de ses responsabilités.

Il doit être capable de délivrer de bons retours sur investissement sur vos campagnes de promotion et de publicité.

Voici les responsabilités de votre gestionnaire de médias sociaux.

RESPONSABILITÉS DU GESTIONNAIRE DES MÉDIAS SOCIAUX

1. Gestion des descripteurs et des pages de médias sociaux : votre gestionnaire de médias sociaux doit élaborer un plan viable sur la façon de gérer vos pages d'entreprise sur toutes les plateformes de médias sociaux.

Il doit être créatif, avec de bonnes idées et concepts sur la façon de gérer vos pages de médias sociaux pour un engagement sérieux avec vos clients et prospects.

Il doit connaître le fonctionnement des différentes plateformes de médias sociaux, leurs règles et comment exploiter l'immense potentiel des médias sociaux pour promouvoir votre entreprise et acquérir de nouveaux clients de manière continue.

Il doit savoir comment utiliser au mieux plusieurs réseaux de médias sociaux tels que Facebook, Twitter, Instagram, Nairaland, Whatsapp, etc., pour promouvoir votre entreprise dans le monde et acquérir plus de clients.

2. Création de contenu : votre gestionnaire de médias sociaux doit créer un contenu pertinent qui plaira à votre public. Il doit étudier la tendance et créer ce qui résonnera à la fois avec la tendance actuelle et votre marque.

Ce doit être quelque chose qui fera passer un message au public, se connectera avec votre marque et aura un impact durable sur votre public.

Il doit également rédiger des annonces promotionnelles pour votre entreprise ou votre entreprise, qui doivent correspondre à vos buts et objectifs marketing.

3. Publication et mise à jour régulières du contenu sur les pages de médias sociaux : votre équipe de médias sociaux doit élaborer un plan stratégique pour publier régulièrement du contenu attrayant sur toutes vos pages de médias sociaux pour un engagement constant avec vos clients.

Une chose importante à propos des médias sociaux est d'être cohérent. Plus vous êtes cohérent sur les réseaux sociaux avec votre entreprise, plus les gens prendront votre entreprise au sérieux. Si vous publiez toujours des informations ou du contenu pertinents, plus les gens vous remarqueront sur les réseaux sociaux.

4. Engagement avec votre public sur les réseaux sociaux : Les personnes sur les réseaux sociaux sont curieuses d'en savoir plus sur votre entreprise. Ils poseront des questions pertinentes sur ce que vous faites ou offrez. Ils ont besoin de réponses et de quelqu'un pour s'occuper d'eux avant de pouvoir prendre la décision de vous fréquenter ou non.

Votre gestionnaire de médias sociaux doit savoir comment interagir correctement avec vos clients et prospects et les convertir en clients payants.

5. Étude de marché : une autre chose importante que votre responsable des médias sociaux doit faire est de rechercher correctement sur le marché des problèmes, des concepts et des recherches sur vos concurrents afin d'obtenir des informations pertinentes à leur sujet qui aideront votre entreprise.

Vous devez utiliser les informations obtenues pour faire avancer votre objectif marketing. Vous devez constamment améliorer la marque de votre entreprise et pour ce faire, vous devez disposer d'informations pertinentes sur ce que vous faites bien ou mal. Vous devez savoir dans quels domaines vous devez vous améliorer.

6. Création et mise en œuvre de campagnes publicitaires : un autre rôle essentiel que votre gestionnaire de médias sociaux devrait jouer est de créer et de mettre en œuvre des campagnes publicitaires et des plans de promotion pour votre marque commerciale.

Différentes plates-formes de médias sociaux devraient avoir des modèles de campagne publicitaire et un calendrier différents pour vos produits ou services.

Une segmentation appropriée avec un placement temporel séparé de chaque annonce vous permettra de suivre les performances de chaque campagne publicitaire.

Ceci est important, surtout si vous débutez dans la publicité, pour vous permettre de comprendre les subtilités impliquées dans la diffusion d'annonces sur chaque plate-forme.

7. Rédaction : générer des idées, planifier et rédiger des annonces textuelles sur la marque de votre entreprise et publier sur vos pages de médias sociaux est un autre domaine sur lequel votre responsable des médias sociaux devrait se concentrer.

Les annonces textuelles sont très puissantes pour transmettre le message de votre marque à vos clients et prospects. Pour plus d'engagement, les annonces textuelles sur votre entreprise ou votre marque doivent être écrites et publiées sur des plateformes de médias sociaux telles que Nairaland, Instagram, Facebook, Twitter et WhatsApp diffusées pour atteindre des millions de personnes.

8. Publication de bannières publicitaires : un autre aspect important de la promotion que votre gestionnaire de médias sociaux doit gérer est de publier régulièrement des bannières publicitaires bien conçues sur les plateformes de médias sociaux afin de générer des commentaires et de l'engagement.

Beaucoup de gens préfèrent même les bannières publicitaires aux annonces textuelles. Les gens peuvent facilement se souvenir d'une bannière ou d'une annonce illustrée plus que d'une annonce textuelle.

Des bannières publicitaires magnifiquement conçues avec des photos de vos produits ou services doivent être régulièrement publiées sur vos plateformes de médias sociaux et également partagées sur d'autres réseaux pour une portée plus large.

9. Image de marque générale : votre responsable des médias sociaux doit générer des idées sur la façon de bien marquer votre entreprise afin de projeter la bonne image des produits ou services que vous proposez au monde.

Le marketing et la promotion de votre entreprise doivent viser non seulement à attirer régulièrement de nouveaux clients, mais également à fidéliser les anciens clients et à étendre votre entreprise à d'autres villes.

MES PRIÈRES POUR VOUS SUR VOS EMPLOYÉS

1. Tout employé que l'ennemi utilisera pour faire s'effondrer votre entreprise, par le pouvoir du Saint-Esprit, je détruis tous leurs plans diaboliques contre votre entreprise en ce moment au nom de Jésus. Amen.

2. Je décrète que tout employé qui veut voler votre argent ou vos biens afin d'effondrer votre entreprise, leurs yeux seront aveuglés spirituellement pour ne même pas voir votre argent ou vos biens au nom de Jésus. Amen.

3. Je décrète que tout membre du personnel qui a juré d'être une pierre d'achoppement pour votre entreprise sera exposé au nom de Jésus. Amen.

4. Tout employé qui est utilisé comme agent des ténèbres comme esprit de surveillance pour surveiller votre entreprise et donner des informations à Satan et à ses démons, je décrète qu'un tel personnel sera exposé et que votre entreprise sera libérée au nom de Jésus.
Amen.

5. Que le Seigneur vous accorde la grâce de discerner le type de personnel que vous devriez employer et le type que vous ne devriez pas employer au nom de Jésus. Amen.

6. Que le Seigneur ouvre vos yeux spirituels pendant le processus d'embauche pour connaître le type de personnel qui s'intègre parfaitement dans votre entreprise et pour connaître ceux qui feront progresser votre entreprise au nom de Jésus. Amen.

7. Tout membre du personnel qui sera utilisé par l'ennemi pour divulguer vos secrets ou les secrets de votre entreprise à vos concurrents, je décrète que ce personnel sera exposé au nom de Jésus. Amen.

8. Tout employé que l'ennemi utilisera pour vous causer des ennuis, je décrète qu'il sera exposé avant qu'il n'exécute ses plans diaboliques et je détruis tous ses complots diaboliques contre votre entreprise au nom de Jésus. Amen.

ÉCRITURES POUR LA MÉDITATION

Veuillez méditer sur ces écritures et prier avec elles.

« 'Tu ne tromperas pas ton voisin, tu ne le voleras pas. Le salaire de celui qui est embauché ne vous restera pas toute la nuit jusqu'au matin. (Lévitique 19:13)

« *Serviteurs, soyez soumis à vos maîtres en toute crainte, non seulement aux bons et aux doux, mais aussi aux durs. Car cela est louable, si à cause de la conscience envers Dieu, on endure la douleur, en souffrant à tort.* » *(1er Pierre 2:18-19)*

« *Serviteurs, obéissez en toutes choses à vos maîtres selon la chair, non pas avec les yeux, comme pour plaire aux hommes, mais avec sincérité de cœur, craignant Dieu. Et quoi que vous fassiez, faites-le de bon cœur, comme au Seigneur et non aux hommes, sachant que du Seigneur vous recevrez la récompense de l'héritage ; car vous servez le Seigneur Christ. Mais celui qui fait le mal sera récompensé pour ce qu'il a fait, et il n'y a pas de partialité.* » *(Colossiens 3:22-25)*

« *Exhortez les serviteurs à obéir à leurs propres maîtres, à être agréables en toutes choses, ne répondant pas, ne chapardant pas, mais faisant preuve d'une bonne fidélité, afin qu'ils ornent en toutes choses la doctrine de Dieu notre Sauveur. (Tite 2:9-10)*

« *Que tous les serviteurs qui sont sous le joug comptent leurs propres maîtres dignes de tout honneur, afin que le nom de Dieu et sa doctrine ne soient pas blasphémés. Et ceux qui ont des maîtres croyants, qu'ils ne les méprisent pas parce qu'ils sont frères, mais qu'ils les servent plutôt parce que ceux qui en profitent sont des croyants et des bien-aimés. Enseignez et exhortez ces choses. (1er Timothée 6:1-2)*

« *C'est pourquoi, mes frères bien-aimés, soyez fermes, inébranlables, abondant toujours dans l'œuvre du Seigneur, sachant que votre travail n'est pas vain dans le Seigneur.* » *(1 Corinthiens 15:58)*

CHAPITRE 14

ÉPILOGUE : VOTRE ENTREPRISE RÉUSSIRA

« *Et tu te souviendras du Seigneur ton Dieu, car c'est lui qui te donne le pouvoir d'acquérir des richesses, afin d'établir son alliance qu'il a jurée à tes pères, comme c'est le cas aujourd'hui.* » *(Deutéronome 8:18)*

La plupart des grandes entreprises ont commencé petit, donc votre entreprise peut aussi devenir une grande marque. Croyez-vous cela?

Cela commence par votre connaissance et votre compréhension des potentiels de votre entreprise.

Cela commence par votre capacité à exploiter vos potentiels et vos forces pour faire progresser votre entreprise vers de plus hauts sommets.

Si les grandes marques l'ont fait, vous aussi pouvez le faire. Si les grandes marques pouvaient devenir grandes, vous aussi pouvez devenir grand avec votre entreprise.

Votre propre entreprise peut également devenir une grande marque si vous y croyez et y travaillez.

Oui, vous pouvez.

Tout est possible à ceux qui croient.

« *Jésus lui dit :* « *Si tu peux croire, tout est possible à celui qui croit.* " *(Marc 9:23)*

Avec une planification et une exécution appropriées, vous pouvez amener votre entreprise à n'importe quel niveau que vous désirez.

La plupart des grandes marques ont en fait commencé avec une seule personne, parfois au coin d'une pièce, parfois sur un seul ordinateur.

Donc, si vous croyez que votre entreprise peut réussir et que vous y travaillez sérieusement, vous réaliserez vos rêves.

Toutes choses concourent au bien de ceux qui croient.

« *Et nous savons que toutes choses concourent au bien de ceux qui aiment Dieu, de ceux qui sont appelés selon son dessein. Pour qui il a connu d'avance, il a aussi prédestiné à être conforme à l'image de son Fils, afin d'être le premier - né entre plusieurs frères ceux qu'il a prédestinés, il les a aussi appelé,. ceux qu'il a appelés, ceux - ci a aussi justifiés; et ceux qu'il a justifiés, il les a aussi glorifiés* « *. (Romains 8:28-30)*

PRIÈRES DE DÉLIVRANCE ET DE PERCÉE POUR VOTRE ENTREPRISE

Je décrète par l'autorité dans le sang de Jésus-Christ versé sur la croix du Calvaire que votre entreprise réussira et prospérera au nom de Jésus. Amen.

Par l'autorité dans le sang de Jésus-Christ versé sur la croix du Calvaire, je brise tout joug de l'ennemi contre votre vie et contre vos affaires au nom de Jésus.

Je décrète que tout ce sur quoi vous mettrez la main prospérera.

Je couvre vos affaires avec le Sang de Jésus-Christ. Je couvre vos finances avec le Sang de Jésus-Christ.

Je décrète qu'aucune arme formée contre vous ne prospérera au nom de Jésus.

Je bénis les œuvres de vos mains au nom de Jésus.

Vous vivrez pour accomplir votre gloire au nom de Jésus.

Je décrète une faveur surnaturelle rare dans votre vie en ce moment au nom de Jésus.

Je décrète une faveur financière rare dans votre vie en ce moment au nom de Jésus.

Je décrète un succès rare dans votre vie en ce moment au nom de Jésus.

Je décrète une percée financière rare dans votre vie en ce moment au nom de Jésus.

Je décrète par l'autorité dans le sang de Jésus-Christ versé sur la croix du Calvaire que vous ne manquerez jamais de bonne chose dans votre vie au nom de Jésus.

Je décrète par l'autorité dans le Sang de Jésus-Christ versé sur la croix du Calvaire que vous ne manquerez jamais d'argent dans votre vie au nom de Jésus.

La paix du Seigneur soit avec vous au nom de Jésus. Amen.

Que Dieu te bénisse.

CHAPITRE 15

QUEL EST VOTRE ESPOIR D'ETERNITE ?

Frères,

Quelle est votre espérance de vie éternelle ? Quelle est votre espérance dans le royaume de notre Seigneur ?

Si ce monde se termine aujourd'hui, où serez-vous ? Car à quoi sert un homme s'il gagne le monde entier mais perd son âme en enfer ? Que vous servira-t-il si vous possédez tous les biens du monde mais perdez votre vie à la fin du monde ?

Êtes-vous né de nouveau? Les Écritures nous disent que quiconque n'est pas né de nouveau ne peut pas entrer dans le royaume de Dieu.

"Jésus répondit et lui dit: "En vérité, je vous le dis, à moins que quelqu'un ne soit né de nouveau, il ne peut pas voir le royaume de Dieu." (Jean 3:3)

Si ce monde se termine maintenant pendant que vous lisez ceci, où irez-vous ? Votre nom est-il écrit dans le livre de la vie ?

Si vous n'avez pas encore donné votre vie à Christ aujourd'hui, faites-le maintenant. Notre Seigneur Jésus-Christ vous aime tellement et se soucie tellement de vous. Il veut que vous le connaissiez et que vous adoriez le Seigneur en vérité et en sincérité. Il vous attend à bras ouverts pour vous recevoir dans Son Royaume.

Il a sacrifié sa propre vie et est mort pour nous sur la croix du Calvaire et a versé son précieux sang pour nous sauver de la mort éternelle.

Il a été crucifié sur la croix du Calvaire pour vous sauver, vous et moi, de la mort éternelle. Il mourut et ressuscita le troisième jour et monta au ciel où il siège à la droite du Père.

Si vous n'avez pas encore donné votre vie au Christ, veuillez dire cette courte prière avec moi. Veuillez le dire à voix haute :

Seigneur Jésus, je te confesse mes péchés. Je me repens de tous mes péchés. Je T'abandonne ma vie à partir d'aujourd'hui et je veux que Tu prennes ma vie en main et que tu me touches de Ta toute puissance. Je reconnais que tu as été crucifié pour mes péchés et que tu es mort et ressuscité le troisième jour et monté au ciel. Pardonne mes péchés Seigneur et sauve ma vie. Amen.

Si vous avez dit cette courte prière, alors félicitations !

J'aimerais avoir de vos nouvelles si vous avez été béni par ce message. J'aimerais entendre votre histoire et comment le Seigneur a touché votre vie ou tout autre problème que vous pourriez avoir.

J'aimerais entendre votre témoignage car je sais que le Seigneur touchera positivement votre vie.

Continuez à demeurer dans la foi au Seigneur.

S'il vous plaît laissez-moi une ligne ci-dessous.

Envoyez-moi un mail via tayodemola@gmail.com

Que Dieu te bénisse.

CHAPITRE 16

25 PSAUMES MIRACULEUX

Voici 25 Psaumes miraculeux que vous pouvez toujours utiliser pour vos prières. Tant que vous croyez, ils travailleront pour vous.

Vous pouvez les utiliser pour des prières de guérison, de délivrance, de réussite commerciale, pour des prières révolutionnaires, pour ceux qui recherchent le fruit de l'utérus, pour traiter divers maux et maladies, pour des prières contre les attaques spirituelles de l'ennemi et la guerre spirituelle contre le royaume des ténèbres, etc.

J'ai reproduit chaque Psaume ci-dessous. Vous pouvez les lire et les prier à tout moment de la journée, mais le moment le plus puissant et le plus efficace pour les utiliser dans les prières est la nuit entre 23h et 6h, en particulier entre 12h et 4h.

Toutes les Écritures ont été tirées de la New King James Version de la Sainte Bible.

PSAUME 23
LE SEIGNEUR LE BERGER DE SON PEUPLE

(*NB : Ce Psaume est un Psaume polyvalent qui peut être utilisé pour résoudre divers problèmes selon la façon dont le Saint-Esprit vous conduit. Il a des applications universelles. C'est un Psaume que vous devriez mémoriser et réciter tous les jours. C'est un Psaume très puissant.)*

Un Psaume de David.

1 Le Seigneur est mon berger ; je ne voudrai pas.

2 Il me fait coucher dans de verts pâturages;
Il me conduit près des eaux calmes.

3 Il restaure mon âme; Il me conduit dans les sentiers de la justice à cause de son nom.

4 Oui, même si je marche dans la vallée de l'ombre de la mort, je ne crains aucun mal ; Car tu es avec moi ;
Ton bâton et ton bâton, ils me réconfortent.

5 Tu prépares une table devant moi devant mes ennemis;
Vous oignez ma tête d'huile;
Ma tasse déborde.

6 Sûrement la bonté et la miséricorde me suivront
Tous les jours de ma vie ;
Et j'habiterai dans la maison du Seigneur
Toujours.

PSAUME 91
DEMEURER A L'OMBRE DU TOUT-PUISSANT

(NB : Ce Psaume peut être utilisé à toutes fins, en particulier pour la protection spirituelle et le combat spirituel. Lisez ce Psaume tous les soirs avant d'aller au lit et vous n'aurez jamais de mauvais rêves, d'attaques spirituelles ou de cauchemars. C'est un Psaume très puissant pour guerre. Il peut également être utilisé par des soldats ou des militaires se rendant au front, pour se protéger contre les blessures par balles ou les blessures. Il peut également être utilisé par toute autre personne pour se protéger contre les balles ou les balles perdues. Si vous lisez ce Psaume tous les jours, vous serez capable de résister à des batailles spirituelles.)

1 Celui qui habite le lieu secret du Très-Haut demeurera à l'ombre du Tout-Puissant.

2 Je dirai du Seigneur : « Il est mon refuge et ma forteresse ;
Mon Dieu, en Lui j'aurai confiance."

3 Certes, il vous délivrera du piège de l'oiseleur
Et de la peste périlleuse.

4 Il te couvrira de ses plumes,
Et sous ses ailes vous vous réfugierez ;
Sa vérité sera votre bouclier et votre bouclier.

5 Tu ne craindras pas la terreur de la nuit,
Ni de la flèche qui vole le jour,

6 Ni de la peste qui marche dans les ténèbres,
Ni de la destruction qui dévaste à midi.

7 Mille peuvent tomber à tes côtés,
Et dix mille à ta droite ;
Mais il ne s'approchera pas de vous.

8 Ce n'est que de tes yeux que tu regarderas,
Et voyez la récompense des méchants.

9 Parce que tu as fait du Seigneur, qui est mon refuge, le Très-Haut, ta demeure,

10 Aucun mal ne t'arrivera,
Et aucune plaie ne s'approchera de ta demeure;

11 Car il confiera à ses anges la charge de vous,
Pour vous garder dans toutes vos voies.

12 Entre leurs mains ils te porteront,
De peur que tu ne heurtes ton pied contre une pierre.

13 Tu marcheras sur le lion et le cobra,
Le lionceau et le serpent, vous foulerez aux pieds.

14 " Parce qu'il a mis son amour sur moi, c'est pourquoi je le délivrerai;
Je l'élèverai en haut, parce qu'il a connu mon nom.

15 Il m'invoquera, et je lui répondrai ;
je serai avec lui en difficulté;
Je vais le délivrer et l'honorer.

16 Avec une longue vie je le rassasierai,
Et montre-lui mon salut."

PSAUME 24
LE ROI DE GLOIRE
(*NB : Ce Psaume peut être utilisé à toutes fins.*)

Un Psaume de David.

1 La terre est à l'Éternel, et toute sa plénitude,
Le monde et ceux qui l'habitent.

2 Car il l'a fondée sur les mers,
Et l'établit sur les eaux.

3 Qui peut monter sur la colline du Seigneur ?
Ou qui peut se tenir dans son lieu saint ?

4 Celui qui a les mains pures et le cœur pur,
Qui n'a pas élevé son âme en idole,
Ni juré trompeusement.

5 Il recevra la bénédiction du Seigneur,
Et la justice du Dieu de son salut.

6 Voici Jacob, la génération de ceux qui le cherchent, qui cherchent ta face. Selah

7 Levez la tête, ô portes !
Et élevez-vous, portes éternelles !
Et le Roi de gloire entrera.

8 Qui est ce Roi de gloire ?
Le Seigneur fort et puissant,
Le Seigneur puissant au combat.

9 Levez la tête, ô portes !
Levez-vous, portes éternelles !
Et le Roi de gloire entrera.

10 Qui est ce Roi de gloire ?
Le Seigneur des armées,
Il est le Roi de gloire.
Selah

PSAUME 121
LE SEIGNEUR EST MON GARDE

(*NB : Utilisez ce Psaume à toutes fins selon la façon dont le Saint-Esprit vous conduit. Il est particulièrement bon de le lire tôt le matin avant de sortir.)*

Un chant des ascensions.

1 Je lèverai mes yeux vers les collines,
D'où vient mon secours ?

2 Mon secours vient du Seigneur,
Qui a fait le ciel et la terre.

3 Il ne permettra pas que ton pied bouge;
Celui qui vous garde ne dormira pas.

4 Voici, celui qui garde Israël
Ne dormira ni ne dormira.

5 Le Seigneur est ton gardien ;
Le Seigneur est ton ombre à ta droite.

6 Le soleil ne te frappera pas de jour,
Ni la lune la nuit.

7 Le Seigneur vous préservera de tout mal ;
Il préservera votre âme.

8 Le Seigneur gardera ton départ et ton entrée
A partir de maintenant, et même pour toujours.

PSAUME 1
LES JUSTES ET LES IMPOYES

(NB : Lisez ce Psaume et priez avec lui pour le succès dans les affaires, la percée financière, le contrat, pour ceux qui cherchent un emploi, pour le fruit de l'utérus, pour briser le joug, pour le combat spirituel, etc.)

1 Béni soit l'homme
Qui ne marche pas dans le conseil des impies,
Ne se tient pas non plus sur le chemin des pécheurs,
Ni ne s'assoit sur le siège du méprisant;

2 Mais son plaisir est dans la loi du Seigneur,
Et dans sa loi il médite jour et nuit.

3 Il sera comme un arbre
Planté près des fleuves d'eau, Qui porte son fruit en sa saison, Dont la feuille ne se fanera pas non plus; Et tout ce qu'il fera prospérera.

4 Les impies ne le sont pas, Mais ils sont comme la paille que le vent chasse.

5 C'est pourquoi les impies ne résisteront pas au jugement, Ni les pécheurs dans l'assemblée des justes.

6 Car le Seigneur connaît la voie des justes,
Mais le chemin des impies périra.

PSAUME 51
UNE PRIÈRE POUR LA NETTOYAGE

(*NB : Ce Psaume peut être utilisé à toutes fins. Il est bon de lire ce Psaume à haute voix avant ou après avoir offert vos prières. C'est un de ces Psaumes à lire quotidiennement. C'est aussi un Psaume à lire pour un véritable repentir et pour le pardon des péchés. Il peut également être utilisé par les femmes pour se purifier après les règles.)*

Au Chef Musicien. Un Psaume de David quand Nathan le prophète est allé vers lui, après qu'il soit allé à Bathsheba.

1 Aie pitié de moi, ô Dieu,
Selon ta bonté ;
Selon la multitude de tes tendres miséricordes,
Effacez mes transgressions.

2 Lave-moi bien de mon iniquité,
Et purifie-moi de mon péché.

3 Car je reconnais mes transgressions,
Et mon péché est toujours devant moi.

4 Contre toi, toi seul, j'ai péché,
Et fait ce mal à tes yeux...
Que tu puisses être trouvé juste au moment où tu parles,
Et irréprochable quand Tu juges.

5 Voici, je suis né dans l'iniquité,
Et dans le péché ma mère m'a conçu.

6 Voici, tu désires la vérité dans les parties intérieures,
Et dans la partie cachée
Tu me feras connaître la sagesse.

7 Purge-moi avec l'hysope, et je serai pur;
Lave-moi, et je serai plus blanc que neige.

8 Fais-moi entendre la joie et l'allégresse,
Que les os que tu as brisés se réjouissent.

9 Cache ta face de mes péchés,
Et efface toutes mes iniquités.

10 Crée en moi un cœur pur, ô Dieu,
Et renouvelle en moi un esprit inébranlable.

11 Ne me rejette pas loin de ta face,
Et ne me retire pas ton Esprit Saint.

12 Rends-moi la joie de ton salut,
Et soutiens-moi par ton Esprit généreux.

13 Alors j'enseignerai tes voies aux transgresseurs,
Et les pécheurs se convertiront à toi.

14 Délivre-moi de la culpabilité du sang versé, ô Dieu,
Le Dieu de mon salut,
Et ma langue chantera à haute voix ta justice.

15 Seigneur, ouvre mes lèvres,
Et ma bouche publiera ta louange.

16 Car tu ne veux pas de sacrifice,
ou bien je le donnerais ;
Vous ne vous réjouissez pas de l'holocauste.

17 Les sacrifices de Dieu sont un esprit brisé,
Un cœur brisé et contrit...
Ceux-là, ô Dieu, tu ne les mépriseras pas.

18 Faites du bien dans votre bon plaisir à Sion;
Construisez les murs de Jérusalem.

19 Alors tu seras satisfait des sacrifices de justice,
Avec l'holocauste et l'holocauste tout entier ;
Alors ils offriront des taureaux sur ton autel.

PSAUME 102
UN CRI DE DÉTRESSE

Une prière de l'affligé, quand il est accablé et déverse sa plainte devant le Seigneur.

1 Écoute ma prière, Seigneur,
Et que mon cri vienne à Toi.

2 Ne me cache pas ta face au jour de ma détresse;
Incline ton oreille vers moi ;
Le jour où j'appelle, réponds-moi rapidement.

3 Car mes jours se consument comme la fumée,
Et mes os sont brûlés comme un foyer.

4 Mon cœur est frappé et desséché comme l'herbe,
Pour que j'oublie de manger mon pain.

5 A cause du son de mes gémissements
Mes os s'accrochent à ma peau.

6 Je suis comme un pélican du désert;
Je suis comme une chouette du désert.

7 Je reste éveillé,
Et je suis comme un moineau seul sur le toit.

8 Mes ennemis m'insultent tout le jour,
Ceux qui se moquent de moi prêtent serment contre moi.

9 Car j'ai mangé de la cendre comme du pain,
Et mêlé ma boisson aux pleurs,

10 À cause de ton indignation et de ta colère;
Car tu m'as élevé et rejeté.

11 Mes jours sont comme une ombre qui s'allonge,
Et je me dessèche comme l'herbe.

12 Mais toi, Seigneur, tu dureras éternellement,
Et le souvenir de ton nom à toutes les générations.

13 Tu te lèveras et tu auras pitié de Sion ;
Pour le moment de la favoriser, Oui, l'heure fixée, est venue.

14 Car tes serviteurs prennent plaisir à ses pierres,
Et faites preuve de faveur envers sa poussière.

15 Ainsi les nations craindront le nom du Seigneur,
Et tous les rois de la terre Ta gloire.

16 Car l'Éternel rebâtira Sion; Il apparaîtra dans sa gloire.

17 Il considérera la prière des indigents,
Et ne méprisera pas leur prière.

18 Ceci sera écrit pour la génération à venir,
Afin qu'un peuple encore à créer puisse louer le Seigneur.

19 Car il regardait du haut de son sanctuaire ; Du ciel, le Seigneur regarda la terre,

20 Pour entendre le gémissement du prisonnier,
Pour libérer les condamnés à mort,

21 Pour annoncer le nom du Seigneur en Sion,
Et sa louange à Jérusalem,

22 Quand les peuples se sont rassemblés,
Et les royaumes, pour servir le Seigneur.

23 Il a affaibli ma force sur le chemin;
Il a raccourci mes journées.

24 J'ai dit : « mon Dieu,
Ne m'emporte pas au milieu de mes jours ;
Vos années sont à travers toutes les générations.

25 Tu as autrefois fondé la terre,
Et les cieux sont l'ouvrage de tes mains.

26 Ils périront, mais toi tu dureras ;
Oui, ils vieilliront tous comme un vêtement ;
Comme un manteau tu les changeras,
Et ils seront changés.

27 Mais tu es le même,
Et tes années n'auront pas de fin.

28 Les enfants de tes serviteurs continueront,
Et leur descendance s'établira devant toi."

PSAUME 145
LOUANGE POUR LA BONTÉ ET LA PUISSANCE DU SEIGNEUR

Une louange de David.

1 Je t'exalterai, mon Dieu, ô roi;

Et je bénirai ton nom pour toujours et à jamais.

2 Chaque jour je te bénirai,
Et je louerai ton nom pour toujours et à jamais.

3 Grand est l'Éternel, et très digne d'être loué;
Et sa grandeur est insondable.

4 Une génération louera tes oeuvres à une autre, Et annoncera tes hauts faits.

5 Je méditerai sur la splendeur glorieuse de ta majesté,
Et sur tes merveilles.

6 Les hommes parleront de la puissance de tes actes impressionnants, Et je déclarerai ta grandeur.

7 Ils prononceront le souvenir de ta grande bonté, Et chanteront ta justice.

8 Le Seigneur est bon et plein de compassion,
Lent à la colère et grand en miséricorde.

9 Le Seigneur est bon pour tous,
Et ses tendres miséricordes sont sur toutes ses œuvres.

10 Toutes tes œuvres te loueront, ô Seigneur,
Et tes saints te béniront.

11 Ils parleront de la gloire de ton royaume,
Et parle de ta puissance,

12 Pour faire connaître aux fils des hommes ses grands actes, Et la glorieuse majesté de son royaume.

13 Ton royaume est un royaume éternel,
Et ta domination perdure dans toutes les générations.

14 Le Seigneur soutient tous ceux qui tombent,
Et relève tous ceux qui sont courbés.

15 Les yeux de tous se tournent vers toi,
Et tu leur donnes leur nourriture en temps voulu.

16 Tu ouvres ta main
Et satisfaire le désir de tout être vivant.

17 Le Seigneur est juste dans toutes ses voies,
Miséricordieux dans toutes ses œuvres.

18 Le Seigneur est proche de tous ceux qui l'invoquent,
A tous ceux qui l'invoquent en vérité.

19 Il exaucera le désir de ceux qui le craignent ; Il entendra aussi leur cri et les sauvera.

20 Le Seigneur garde tous ceux qui l'aiment,
Mais il détruira tous les méchants.

21 Ma bouche dira la louange du Seigneur,
Et toute chair bénira son saint nom
Toujours et à jamais.

PSAUME 147
LOUANGE POUR LA FAVEUR DU SEIGNEUR A JERUSALEM

1 Louez le Seigneur !
Car il est bon de chanter des louanges à notre Dieu ;
Car c'est agréable, et la louange est belle.

2 Le Seigneur édifie Jérusalem;
Il rassemble les parias d'Israël.

3 Il guérit les cœurs brisés
Et panse leurs blessures.

4 Il compte le nombre des étoiles ;
Il les appelle tous par leur nom.

5 Grand est notre Seigneur, et puissant en puissance ;
Sa compréhension est infinie.

6 Le Seigneur élève les humbles;
Il jette les méchants à terre.

7 Chantez au Seigneur avec actions de grâces;
Chantez des louanges sur la harpe à notre Dieu,

8 Qui couvre les cieux de nuées,
Qui prépare la pluie pour la terre,
Qui fait pousser de l'herbe sur les montagnes.

9 Il donne à la bête sa nourriture,
Et aux jeunes corbeaux qui pleurent.

10 Il ne prend pas plaisir à la force du cheval;
Il ne prend aucun plaisir dans les jambes d'un homme.

11 Le Seigneur prend plaisir à ceux qui le craignent,
En ceux qui espèrent en sa miséricorde.

   12 Louez le Seigneur, ô Jérusalem !
Louez votre Dieu, ô Sion !

13 Car il a fortifié les barreaux de vos portes;
Il a béni vos enfants en vous.

14 Il fait la paix dans tes frontières,
Et vous remplit du meilleur blé.

15 Il envoie son commandement sur la terre ;
Sa parole court très vite.

16 Il donne de la neige comme de la laine;
Il disperse le givre comme de la cendre ;

17 Il jette sa grêle comme des morceaux;
Qui peut résister à son froid ?

18 Il envoie sa parole et les fait fondre;
Il fait souffler son vent et les eaux coulent.

19 Il annonce sa parole à Jacob,
Ses statuts et ses jugements envers Israël.

20 Il n'a traité ainsi aucune nation;
Et quant à ses jugements, ils ne les ont pas connus. Louez le Seigneur !

PSAUME 35
UNE PRIÈRE POUR LE SAUVETAGE DES ENNEMIS

(NB : Ce Psaume peut être utilisé pour une guerre spirituelle contre des attaques spirituelles ou toute forme de guerre spirituelle.)

Un Psaume de David.

1 Plaidez ma cause, ô Seigneur, auprès de ceux qui lutte avec moi ;
Lutte contre ceux qui se battent contre moi.

2 Prends le bouclier et le bouclier,
Et levez-vous pour mon aide.

3 Tirez aussi la lance,
Et arrêtez ceux qui me poursuivent.
Dis à mon âme : « Je suis ton salut.

4 Que ceux-là soient couverts de honte et amenés déshonorer
Qui cherche ma vie;
Que ceux-ci soient renvoyés et amenés à la confusion
Qui complotent ma blessure.

5 Qu'ils soient comme de la paille devant le vent,
Et que l'ange du Seigneur les chasse.

6 Que leur chemin soit sombre et glissant,
Et que l'ange du Seigneur les poursuive.

7 Car sans cause ils ont caché leur
filet pour moi dans une fosse,
Qu'ils ont creusé sans cause pour ma vie.

8 Que la destruction vienne sur lui à l'improviste,
Et que se rattrape son filet qu'il a caché ;
Dans cette destruction même, laissez-le tomber.

9 Et mon âme se réjouira dans le Seigneur;
Il se réjouira de Son salut.

10 Tous mes os diront :
"Seigneur, qui est comme toi,
Délivrant le pauvre de celui qui est trop fort pour lui, oui, le pauvre et le nécessiteux de celui qui le pille ?"

11 Des témoins féroces se lèvent;

Ils me demandent des choses que je ne sais pas.

12 Ils me récompensent du mal pour le bien,
Au chagrin de mon âme.

13 Mais moi, quand ils étaient malades,
Mes vêtements étaient en toile de sac ;
Je me suis humilié en jeûnant ;
Et ma prière reviendrait dans mon cœur.

14 Je marchais comme s'il était mon ami ou mon frère;
Je me suis incliné lourdement,
comme celui qui pleure sa mère.

15 Mais dans mon adversité ils se sont réjouis
Et se sont réunis;
Des assaillants se sont rassemblés contre moi,
Et je ne le savais pas ;
Ils m'ont déchiré et n'ont pas cessé ;

16 Avec des moqueurs impies aux festins
Ils m'ont grincé des dents.

17 Seigneur, jusqu'à quand regarderas-tu ?
Sauve-moi de leurs destructions,
Ma précieuse vie des lions.

18 Je te rendrai grâce dans la grande assemblée ;
Je te louerai parmi beaucoup de gens.

19 Qu'ils ne se réjouissent pas de moi qui suis
à tort mes ennemis;
Ne les laisse pas non plus cligner de l'œil qui déteste
moi sans cause.

20 Car ils ne disent pas la paix,
Mais ils conçoivent des choses trompeuses
Contre les tranquilles du pays.

21 Eux aussi ouvraient grand la bouche contre moi,
Et il a dit : « Aha, aha !
Nos yeux l'ont vu."

22 C'est ce que tu as vu, ô Seigneur;
Ne gardez pas le silence.
Seigneur, ne sois pas loin de moi.

23 Éveille-toi, et réveille-toi à ma justification,
A ma cause, mon Dieu et mon Seigneur.

24 Justifie-moi, Seigneur mon Dieu,
selon ta justice;
Et qu'ils ne se réjouissent pas de moi.

25 Qu'ils ne disent pas dans leur cœur :
« Ah, alors nous l'aurions ! »
Qu'ils ne disent pas,
« Nous l'avons englouti.

26 Qu'ils aient honte et qu'ils se confondent mutuellement
Qui se réjouissent de mon mal ;
Qu'ils soient vêtus de honte et de déshonneur
Qui s'exaltent contre moi.

27 Qu'ils crient de joie et se réjouissent,
Qui favorise ma juste cause ;
Et qu'ils disent sans cesse,
« Que le Seigneur soit magnifié,
Qui prend plaisir à la prospérité de son serviteur."

28 Et ma langue parlera de ta justice et de ta louange tout le jour.

PSAUME 109
UN CRI DE VENGEANCE

(NB : Ce Psaume est pour le combat spirituel)

Au Chef Musicien. Un Psaume de David.

1 Ne te tais pas,
O Dieu de ma louange !

2 Car la bouche du méchant et la bouche du trompeur
ont ouvert contre moi;
Ils ont parlé contre moi avec une langue mensongère.

3 Ils m'ont aussi entouré
avec des mots de haine,
Et s'est battu contre moi sans cause.

4 En échange de mon amour, ils sont mes accusateurs,
Mais je me livre à la prière.

5 C'est ainsi qu'ils m'ont rendu le mal pour le bien,
Et la haine de mon amour.

6 Mettez sur lui un méchant,
Et qu'un accusateur se tienne à sa droite.

7 Quand il sera jugé, qu'il soit reconnu coupable,
Et que sa prière devienne péché.

8 Que ses jours soient peu nombreux,
Et qu'un autre prenne son bureau.

9 Que ses enfants soient orphelins de père,
Et sa femme veuve.

10 Que ses enfants soient continuellement des vagabonds,
et mendier;
Qu'ils cherchent aussi leur pain dans leur
lieux désolés.

11 Que le créancier saisisse tout ce qu'il possède,
Et que des étrangers pillent son travail.

12 Que personne ne lui fasse miséricorde,
Ni qu'il n'y en ait pour favoriser ses enfants orphelins.

13 Que sa postérité soit retranchée,
Et dans la génération suivante, que leur nom soit effacé.

14 Que l'iniquité de ses pères soit
rappelé devant le Seigneur,
Et que le péché de sa mère ne soit pas effacé.

15 Qu'ils soient continuellement devant le Seigneur,
afin qu'il retranche de la terre leur mémoire ;

16 Parce qu'il ne se souvenait pas de faire preuve de miséricorde,
Mais persécuté le pauvre et le nécessiteux,
Qu'il pourrait même tuer les cœurs brisés.

17 Comme il aimait la malédiction, qu'elle vienne à lui ;
Comme il ne prenait pas plaisir à bénir,
alors qu'il soit loin de lui.

18 Comme il s'est vêtu de malédiction comme de son vêtement,
Alors laisse-le entrer dans son corps comme de l'eau,
Et comme de l'huile dans ses os.

19 Qu'elle soit pour lui comme le vêtement qui le couvre, Et comme une ceinture dont il se ceigne continuellement.

20 Que ceci soit la récompense du Seigneur pour mes accusateurs,
Et à ceux qui disent du mal contre ma personne.

21 Mais toi, ô Dieu le Seigneur,
Traitez avec moi pour l'amour de votre nom;
Parce que ta miséricorde est bonne, délivre-moi.

22 Car je suis pauvre et nécessiteux,
Et mon cœur est blessé en moi.
23 Je m'en vais comme une ombre quand elle s'allonge;
Je suis secoué comme une sauterelle.

24 Mes genoux sont affaiblis par le jeûne,
Et ma chair est faible par manque de graisse.

25 Moi aussi, je suis devenu un opprobre pour eux;
Quand ils me regardent, ils secouent la tête.

26 Aide-moi, Seigneur mon Dieu !
Oh, sauve-moi selon ta miséricorde,

27 Afin qu'ils sachent que c'est ta main,
Que Toi, Seigneur, l'as fait !

28 Qu'ils maudissent, mais tu bénis ;
Quand ils se lèveront, qu'ils aient honte,
Mais que ton serviteur se réjouisse.

29 Que mes accusateurs soient revêtus de honte,
Et qu'ils se couvrent de leur propre disgrâce comme d'un manteau.

30 Je louerai beaucoup le Seigneur de ma bouche;
Oui, je Le louerai parmi la multitude.

31 Car il se tiendra à la droite des pauvres,
Pour le sauver de ceux qui le condamnent.

PSAUME 31
UN PROFESSION DE CONFIANCE

(NB : Ce Psaume peut être utilisé à toutes fins.)

Au Chef Musicien. Un Psaume de David.

1 En toi, Seigneur, je place ma confiance ;
Que je n'aie jamais honte ;
Délivre-moi dans ta justice.

2 Incline ton oreille vers moi,
Délivre-moi vite ;
Sois mon rocher de refuge,
Une forteresse de défense pour me sauver.

3 Car tu es mon rocher et ma forteresse;
C'est pourquoi, à cause de ton nom,
Conduis-moi et guide-moi.

4 Tire-moi du filet qu'ils m'ont tendu en secret,
Car tu es ma force.

5 En ta main je remets mon esprit;
Tu m'as racheté, ô Seigneur Dieu de vérité.

6 J'ai haï ceux qui regardent les idoles inutiles;
Mais j'ai confiance dans le Seigneur.

7 Je me réjouirai et me réjouirai de ta miséricorde,
Car tu as pensé à ma peine;
Tu as connu mon âme dans l'adversité,

8 Et ne m'a pas enfermé entre les mains de l'ennemi;
Vous avez mis mes pieds dans une large place.

9 Aie pitié de moi, ô Seigneur, car je suis en difficulté;
Mon œil se perd dans le chagrin,
Oui, mon âme et mon corps !

10 Car ma vie se passe dans le chagrin,
Et mes années à soupirer ;
Ma force s'affaiblit à cause de mon iniquité,
Et mes os dépérissent.

11 Je suis l'opprobre parmi tous mes ennemis,

Mais surtout chez mes voisins,
Et je repousse mes connaissances;
Ceux qui me voient dehors me fuient.

12 Je suis oublié comme un mort, sans raison ;
Je suis comme un vaisseau brisé.

13 Car j'entends la calomnie de beaucoup;
La peur est de tous les côtés ;
Pendant qu'ils tiennent conseil ensemble contre moi,
Ils complotent pour m'ôter la vie.

14 Mais moi, j'ai confiance en toi, ô Seigneur;
Je dis: "Tu es mon Dieu."

15 Mes temps sont entre tes mains;
Délivre-moi de la main de mes ennemis,
Et de ceux qui me persécutent.

16 Fais briller ta face sur ton serviteur;
Sauve-moi pour l'amour de ta miséricorde.

17 Ne me laisse pas avoir honte, Seigneur, car je
t'ont invoqué;
Que les méchants aient honte ;
Qu'ils se taisent dans la tombe.

18 Que les lèvres mensongères se taisent,
Qui disent des choses insolentes avec fierté et mépris contre les justes.

19 Oh, qu'elle est grande ta bonté,
Que tu as réservé à ceux qui te craignent,
Que Tu as préparé pour ceux qui
confiance en vous
En présence des fils des hommes !

20 Tu les cacheras dans le lieu secret de
Ta présence
Des complots de l'homme;
Tu les garderas secrètement dans un pavillon
De la lutte des langues.

21 Béni soit le Seigneur, car il m'a montré sa merveilleuse bonté dans une ville forte !

22 Car j'ai dit dans ma hâte : « Je suis retranché de devant tes yeux » ;
Néanmoins tu as entendu la voix de mon
supplications
Quand je t'ai crié.

23 Oh, aimez le Seigneur, vous tous ses saints !

Car le Seigneur garde les fidèles,
Et rembourse pleinement la personne fière.

24 Bon courage,
Et il fortifiera ton coeur,
Vous tous qui espérez dans le Seigneur.

PSAUME 27
LE SEIGNEUR EST MA LUMIÈRE ET MON SALUT

Un Psaume de David.

1 Le Seigneur est ma lumière et mon salut ;
De qui devrais je avoir peur?
Le Seigneur est la force de ma vie ;
De qui aurais-je peur ?

2 Quand les méchants sont venus contre moi
Pour manger ma chair,
Mes ennemis et ennemis,
Ils ont trébuché et sont tombés.

3 Bien qu'une armée puisse camper contre moi,
Mon cœur n'aura pas peur ;
Bien que la guerre devrait s'élever contre moi,
En cela, je serai confiant.

4 Une chose que j'ai désirée du Seigneur,
Que vais-je chercher :
Que je puisse habiter dans la maison du Seigneur
Tous les jours de ma vie,
Pour contempler la beauté du Seigneur,
Et de s'enquérir dans Son temple.

5 Car au temps des troubles
Il me cachera dans son pavillon ;
Dans le lieu secret de son tabernacle
Il me cachera ;
Il m'élèvera sur un rocher.

6 Et maintenant ma tête s'élèvera au-dessus
mes ennemis tout autour de moi ;
C'est pourquoi j'offrirai des sacrifices de joie dans son tabernacle ;
Je chanterai, oui, je chanterai des louanges au
Seigneur.

7 Écoute, Seigneur, quand je crie avec ma voix !
Ayez pitié de moi aussi, et répondez-moi.

8 Quand Tu as dit : « Cherche ma face »,
Mon cœur T'a dit : « Ton visage, Seigneur, je
cherchera."

9 Ne me cache pas ta face;
Ne détourne pas ton serviteur avec colère;

Vous avez été mon aide ;
Ne me quitte pas et ne m'abandonne pas,
O Dieu de mon salut.

10 Quand mon père et ma mère m'ont abandonné,
Alors le Seigneur prendra soin de moi.

11 Enseignez-moi votre chemin, ô Seigneur, et conduisez-moi dans un chemin tranquille, à cause de mes ennemis.

12 Ne me livre pas à la volonté de mes adversaires ;
Car de faux témoins se sont levés contre moi,
Et comme expirer la violence.

13 J'aurais perdu courage, si j'avais
a cru
Que je verrais la bonté du Seigneur
Au pays des vivants.

14 Attendez-vous au Seigneur;
Bon courage,
Et il fortifiera votre coeur;
Attends, dis-je, au Seigneur !

PSAUME 40
LOUANGE POUR LA DÉLIVRANCE

Au Chef Musicien. Un Psaume de David

1 J'ai attendu patiemment le Seigneur;
Et il s'inclina vers moi,
Et entendu mon cri.

2 Il m'a aussi fait sortir d'une fosse horrible,
Hors de l'argile bourbeuse,
Et pose mes pieds sur un rocher,
Et établi mes pas.

3 Il a mis une nouvelle chanson dans ma bouche--
Louange à notre Dieu ;
Beaucoup le verront et craindront,
Et fera confiance au Seigneur.

4 Heureux l'homme qui fait confiance au Seigneur, Et qui ne respecte pas les orgueilleux, ni ceux qui se tournent vers le mensonge.

5 Beaucoup, ô Seigneur mon Dieu, sont tes
des oeuvres merveilleuses
ce que tu as fait ;
Et tes pensées envers nous
Ne peut Vous être recompté dans l'ordre ;
Si je voulais déclarer et parler d'eux,
Ils sont plus qu'on ne peut les numéroter.

6 Sacrifice et offrande que tu n'as pas désiré;
Mes oreilles Tu as ouvert.
L'holocauste et le sacrifice pour le péché que tu n'as pas fait exiger.

7 Alors je dis : « Voici, je viens ;
Dans le rouleau du livre, il est écrit de moi.

8 Je prends plaisir à faire ta volonté, ô mon Dieu,
Et ta loi est dans mon cœur."

9 J'ai annoncé la bonne nouvelle de la justice
Dans la grande assemblée ;
En effet, je ne retiens pas mes lèvres,
Seigneur, tu le sais toi-même.

10 Je n'ai pas caché ta justice dans mon coeur;

J'ai déclaré ta fidélité et ta
salut;
Je n'ai pas caché ta bonté
et ta vérité
De la grande assemblée.

11 Ne me refuse pas tes tendres miséricordes,
Ô Seigneur;
Que ta bonté et ta vérité
me préserve continuellement.

12 Car d'innombrables maux m'entourent;
Mes iniquités m'ont rattrapé,
pour que je ne puisse pas lever les yeux ;
Ils sont plus que les cheveux de ma tête ;
C'est pourquoi mon cœur me fait défaut.

13 Aie plaisir, Seigneur, à me délivrer ;
Seigneur, hâte-toi de m'aider !

14 Qu'ils soient honteux et confus, qui cherchent à détruire ma vie ;
Qu'ils soient poussés en arrière
et porté au déshonneur
Qui me souhaite du mal.

15 Qu'ils soient confondus à cause de leur honte, Qui me disent: "Aha, aha!"

16 Que tous ceux qui te cherchent se réjouissent et soient
heureux en Toi;
Que ceux qui aiment votre salut disent sans cesse : « Que le Seigneur soit magnifié !

17 Mais je suis pauvre et nécessiteux;
Pourtant le Seigneur pense à moi.
Tu es mon aide et mon libérateur ;
Ne tarde pas, ô mon Dieu.

PSAUME 21
LOUANGE POUR LA DÉLIVRANCE

Au Chef Musicien. Un Psaume de David.

1 Le roi se réjouira de ta force,
Ô Seigneur;
Et combien il se réjouira de ton salut !

2 Tu lui as donné le désir de son coeur,
Et n'ont pas retenu la demande de ses lèvres.
Selah

3 Car vous le rencontrez avec les bénédictions de la bonté; Tu as mis une couronne d'or pur sur sa tête.

4 Il t'a demandé la vie, et tu la lui as donnée, des jours pour toujours et à jamais.

5 Sa gloire est grande dans ton salut ;
Honneur et majesté que tu as mis sur lui.

6 Car tu l'as rendu très béni à jamais;
Tu l'as rendu extrêmement heureux par ta présence.

7 Car le roi se confie en l'Éternel,
Et par la miséricorde du Très-Haut
il ne sera pas déplacé.

8 Ta main trouvera tous tes ennemis;
Ta main droite trouvera ceux qui te haïssent.

9 Tu les feras comme un four ardent au temps de ta colère;
Le Seigneur les engloutira dans sa colère,
Et le feu les dévorera.

10 Tu détruiras leurs descendants de la terre,
Et leurs descendants parmi les fils des hommes.

11 Car ils ont projeté le mal contre toi ;
Ils ont conçu un complot qu'ils ne sont pas en mesure d'exécuter.

12 C'est pourquoi tu leur feras tourner le dos;
Tu prépareras Tes flèches sur Ta ficelle vers leurs faces.

13 Sois exalté, ô Seigneur, dans ta propre force !
Nous chanterons et louerons ta puissance.

PSAUME 47
DIEU EST LE ROI DE TOUTE LA TERRE

Au Chef Musicien. Un Psaume des fils de Koré.

1 Oh, frappez dans vos mains, vous tous, peuples !
Criez à Dieu avec la voix du triomphe !

2 Car le Seigneur Très-Haut est redoutable ; Il est un grand Roi sur toute la terre.

3 Il soumettra les peuples sous nous,
Et les nations sous nos pieds.

4 Il choisira pour nous notre héritage,
L'excellence de Jacob qu'il aime.
Selah

5 Dieu est monté en poussant un cri,
Le Seigneur au son d'une trompette.

6 Chantez des louanges à Dieu, chantez des louanges !
Chantez des louanges à notre Roi, chantez des louanges !

7 Car Dieu est le Roi de toute la terre;
Chantez des louanges avec compréhension.

8 Dieu règne sur les nations;
Dieu est assis sur son saint trône.

9 Les chefs du peuple se sont rassemblés, Le peuple du Dieu d'Abraham.
Car les boucliers de la terre appartiennent à Dieu ;
Il est grandement exalté.

PSAUME 70
UNE PRIÈRE POUR LA DÉLIVRANCE

Au Chef Musicien. Un Psaume de David. A rappeler.

1 Dépêche-toi, ô Dieu, de me délivrer !
Hâte-toi de m'aider, ô Seigneur !

2 Qu'ils soient honteux et confondus
Qui cherche ma vie ;
Qu'ils soient refoulés et confus
Qui désire mon mal.

3 Qu'ils soient refoulés à cause de leur honte, Qui disent: "Aha, aha!"

4 Que tous ceux qui te cherchent se réjouissent et se réjouissent en toi ; Et que ceux qui aiment ton salut disent sans cesse : « Que Dieu soit magnifié !

5 Mais je suis pauvre et nécessiteux ;
Hâte-moi, ô Dieu !
Tu es mon aide et mon libérateur ;
Seigneur, ne tarde pas.

PSAUME 71
DIEU LE ROCHER DU SALUT

1 En toi, Seigneur, je place ma confiance ;
Qu'on ne me fasse jamais honte.

2 Délivre-moi dans ta justice,
et fais-moi échapper;
Incline ton oreille vers moi et sauve-moi.

3 Sois mon fort refuge,
À laquelle je peux recourir continuellement ;
Tu as donné le commandement de me sauver,
Car tu es mon rocher et ma forteresse.

4 Délivre-moi, ô mon Dieu, de la main du méchant, De la main de l'homme injuste et cruel.

5 Car tu es mon espérance, ô Seigneur Dieu;
Tu es ma confiance depuis ma jeunesse.

6 Par toi j'ai été soutenu dès ma naissance;
C'est toi qui m'as sorti du ventre de ma mère.
Ma louange sera continuellement de Toi.

7 Je suis devenu une merveille pour beaucoup,
Mais tu es mon fort refuge.

8 Que ma bouche soit remplie de ta louange
Et avec Ta gloire toute la journée.

9 Ne me rejette pas au temps de la vieillesse ;
Ne m'abandonne pas quand ma force fait défaut.

10 Car mes ennemis parlent contre moi;
Et ceux qui guettent ma vie
prendre conseil ensemble,

11 Disant : « Dieu l'a abandonné ;
Poursuis-le et prends-le,
car il n'y a personne pour le délivrer.

12 Dieu, ne sois pas loin de moi ;
mon Dieu, hâtez-vous de m'aider !

13 Qu'ils soient confondus et consumés
Qui sont les adversaires de ma vie ;
Qu'ils soient couverts d'opprobre et de déshonneur

Qui cherche mon mal.

14 Mais j'espère toujours,
Et Te louera de plus en plus.

15 Ma bouche dira ta justice
Et ton salut tout le jour,
Car je ne connais pas leurs limites.

16 J'irai avec la force du Seigneur Dieu;
Je ferai mention de ta justice,
de la vôtre seulement.

17 Dieu, tu m'as instruit dès ma jeunesse;
Et à ce jour, je déclare Tes merveilles.

18 Maintenant aussi, quand je serai vieux et grisonnant,
Dieu, ne m'abandonne pas,
Jusqu'à ce que je déclare ta force à cette génération,
Votre pouvoir à tous ceux qui viennent.

19 Et ta justice, ô Dieu, est très élevée,
Toi qui as fait de grandes choses ;
Dieu, qui est comme toi ?

20 Toi, qui m'as montré de grands et graves ennuis, Tu me ressusciteras,
Et fais-moi remonter des profondeurs de la terre.

21 Tu augmenteras ma grandeur,
Et réconforte-moi de tous côtés.

22 Aussi avec le luth je te louerai,
Et ta fidélité, ô mon Dieu !
Pour toi je chanterai avec la harpe,
O Saint d'Israël.

23 Mes lèvres se réjouiront beaucoup quand je te chanterai,
Et mon âme que tu as rachetée.

24 Ma langue aussi parlera de ta
justice tout au long du jour;
Car ils sont confondus,
Car ils sont honteux Qui cherchent mon mal.

PSAUME 107
LE SEIGNEUR LIBÈRE DES PROBLÈMES

1 Oh, rends grâce au Seigneur, car il est bon !
Car sa miséricorde dure à jamais.

2 Que les rachetés du Seigneur le disent,
Qu'il a racheté de la main de l'ennemi,

3 Et ramassé des pays,
De l'est et de l'ouest,
Du nord et du sud.

4 Ils erraient dans le désert dans un chemin désolé; Ils n'ont trouvé aucune ville où habiter.

5 Affamé et assoiffé,
Leur âme s'évanouit en eux.

6 Alors ils crièrent au Seigneur dans leur détresse,
Et Il les a délivrés de leurs détresses.

7 Et il les conduisit par le droit chemin,
Pour qu'ils aillent dans une ville pour y habiter.

8 Oh, que les hommes rendraient grâce à
le Seigneur pour sa bonté,
Et pour Ses œuvres merveilleuses aux enfants des hommes !

9 Car il satisfait l'âme ardente,
Et remplit l'âme affamée de bonté.

10 Ceux qui étaient assis dans les ténèbres et dans
l'ombre de la mort,
Lié dans l'affliction et les fers--

11 Parce qu'ils se sont rebellés contre les paroles de Dieu, et ont méprisé le conseil du Très-Haut,

12 C'est pourquoi il abattit leur cœur de fatigue; Ils sont tombés, et il n'y avait personne pour les aider.

13 Alors ils crièrent au Seigneur dans leur détresse,
Et Il les a sauvés de leurs détresses.

14 Il les fit sortir des ténèbres et
l'ombre de la mort,
Et brisèrent leurs chaînes en morceaux.

15 Oh, que les hommes rendraient grâce à
le Seigneur pour sa bonté,
Et pour Ses œuvres merveilleuses aux enfants des hommes !

16 Car il a brisé les portes d'airain, Et coupé en deux les barres de fer.

17 Insensés, à cause de leur transgression,
Et à cause de leurs iniquités, ils furent affligés.

18 Leur âme avait en horreur toute nourriture, Et ils s'approchèrent des portes de la mort.

19 Alors ils crièrent au Seigneur dans leur détresse,
Et Il les a sauvés de leurs détresses.

20 Il a envoyé sa parole et les a guéris, et les a délivrés de leurs destructions.

21 Oh, que les hommes rendraient grâce à
le Seigneur pour sa bonté,
Et pour Ses œuvres merveilleuses aux enfants des hommes !

22 Qu'ils sacrifient les sacrifices d'action de grâces,
Et déclare ses oeuvres avec joie.

23 Ceux qui descendent à la mer sur des bateaux,
Qui font des affaires sur les grandes eaux,

24 Ils voient les œuvres du Seigneur,
Et Ses merveilles dans les profondeurs.

25 Car il commande et
soulève le vent orageux,
Qui soulève les vagues de la mer.

26 Ils montent aux cieux,
Ils redescendent dans les profondeurs ;
Leur âme fond à cause des ennuis.

27 Ils vont et viennent, titubent comme
un homme ivre,
Et sont à bout de nerfs.

28 Alors ils crient au Seigneur dans leur détresse,
Et Il les tire de leurs détresses.

29 Il calme la tempête,
Pour que ses vagues soient immobiles.

30 Alors ils se réjouissent parce qu'ils sont tranquilles;
Il les guide donc vers le refuge qu'ils désirent.

31 Oh, que les hommes rendraient grâce à
le Seigneur pour sa bonté,

Et pour Ses œuvres merveilleuses aux enfants des hommes !

32 Qu'ils l'exaltent aussi dans l'assemblée de
les gens,
Et louez-le en compagnie des anciens.

33 Il change les fleuves en désert,
Et les sources d'eau dans la terre sèche ;

34 Une terre fertile dans la stérilité,
Pour la méchanceté de ceux qui l'habitent.

35 Il change un désert en étangs d'eau, Et la terre sèche en sources d'eau.

36 Là, il fait habiter les affamés,
afin qu'ils fondent une ville pour habitation,

37 Et semez des champs et plantez des vignes,
Qu'ils puissent donner une moisson fructueuse.

38 Il les bénit aussi,
et ils se multiplient grandement;
Et Il ne laisse pas leur bétail diminuer.

39 Quand ils sont diminués et abaissés
Par l'oppression, l'affliction et la douleur,

40 Il répand le mépris sur les princes,
Et les fait errer dans le désert où il n'y a pas de chemin ;

41 Pourtant, il place les pauvres en haut, loin de l'affliction,
Et rend leurs familles comme un troupeau.

42 Les justes le voient et se réjouissent,
Et toute iniquité arrête sa bouche.

43 Quiconque est sage observera ces choses,
Et ils comprendront la bonté du Seigneur.

PSAUME 119
L'EXCELLENCE DE LA LOI DE DIEU

1 Heureux ceux qui ne sont pas souillés dans le chemin,
Qui marchez dans la loi du Seigneur !

2 Heureux ceux qui gardent
Ses témoignages,
Qui le cherchez de tout votre cœur !

3 Ils ne commettent pas non plus d'iniquité ;
Ils marchent dans ses voies.

4 Tu nous as commandé
Pour garder vos préceptes avec diligence.

5 Oh, que mes voies étaient dirigées
Pour garder tes statuts !

6 Alors je n'aurais pas honte,
Quand je regarde tous tes commandements.

7 Je te louerai avec droiture de coeur,
Quand j'apprends Tes justes jugements.

8 Je garderai tes statuts;
Oh, ne m'abandonne pas complètement !

9 Comment un jeune homme peut-il purifier son chemin ?
En prenant garde selon ta parole.

10 De tout mon coeur je t'ai cherché;
Oh, ne me laisse pas m'éloigner de tes commandements !

11 J'ai caché ta parole dans mon coeur,
que je ne pèche pas contre toi !

12 Béni sois-Tu, Seigneur !
Apprends-moi tes statuts !

13 De mes lèvres j'ai déclaré
Tous les jugements de ta bouche.

14 Je me suis réjoui dans la voie de tes témoignages,
Autant que dans toutes les richesses.

15 Je méditerai tes préceptes,
Et contemple tes voies.

16 Je me réjouirai de tes statuts;
Je n'oublierai pas ta parole.

17 Traitez généreusement votre serviteur,
Que je puisse vivre et tenir ta parole.

18 Ouvre mes yeux,
afin que je puisse voir les merveilles de ta loi.

19 Je suis un étranger sur la terre ;
Ne me cache pas tes commandements.

20 Mon âme se brise avec le désir
Pour vos jugements à tout moment.

21 Tu réprimandes les orgueilleux, les maudits,
Qui s'écartent de tes commandements.

22 Éloigne de moi l'opprobre et le mépris,
Car j'ai gardé tes témoignages.

    23 Des princes aussi s'assoient et parlent contre moi, Mais ton serviteur médite tes statuts.

    24 Tes témoignages font aussi ma joie
Et mes conseillers.

    25 Mon âme s'accroche à la poussière;
Ranime-moi selon ta parole.

    26 J'ai annoncé mes voies, et tu m'as répondu ; Apprends-moi tes statuts.

27 Fais-moi comprendre la voie de tes préceptes;
Alors je méditerai sur tes merveilles.

    28 Mon âme fond de pesanteur;
Fortifie-moi selon ta parole.

29 Éloigne de moi la voie du mensonge, Et accorde-moi ta loi avec grâce.

    30 J'ai choisi le chemin de la vérité;
Vos jugements, je les ai mis devant moi.

31 Je m'accroche à tes témoignages;
Seigneur, ne me fais pas honte !

32 Je vais suivre le cours de tes commandements,
Car tu agrandiras mon cœur.

33 Enseigne-moi, Seigneur,
le chemin de tes statuts,
Et je le garderai jusqu'au bout.

34 Donne-moi de l'intelligence, et
je garderai ta loi;
En effet, je l'observerai de tout mon cœur.

35 Fais-moi marcher sur le chemin de
Vos commandements,
Car je m'en délecte.

36 Incline mon cœur à tes témoignages,
Et pas à la convoitise.

37 Détourne mes yeux de regarder
choses sans valeur,
Et ravive-moi à ta manière.

38 Affirme ta parole à ton serviteur,
Qui est dévoué à Te craindre.

39 Détourne mon opprobre que je redoute,
Car tes jugements sont bons.

40 Voici, j'aspire à tes préceptes;
Ranime-moi dans ta justice.

41 Que tes miséricordes viennent aussi à moi, Seigneur,
Ton salut selon ta parole.

42 J'aurai donc une réponse pour celui qui
me reproche,
Car j'ai confiance en ta parole.

43 Et n'écarte pas complètement la parole de vérité
de ma bouche,
Car j'ai espéré en tes ordonnances.

44 Je garderai donc continuellement ta loi,
Toujours et à jamais.

45 Et je marcherai en liberté,
Car je cherche tes préceptes.

46 Je parlerai aussi de tes témoignages devant les rois, Et je n'aurai pas honte.

47 Et je me réjouirai de tes commandements que j'aime.

48 Mes mains aussi je lèverai vers
Tes commandements, que j'aime,
Et je méditerai sur tes statuts.

49 Souviens-toi de la parole à ton serviteur,
Sur quoi tu m'as fait espérer.

50 Ceci est ma consolation dans mon affliction,
Car ta parole m'a donné la vie.

51 Les orgueilleux me tournent en dérision,
Pourtant je ne me détourne pas de ta loi.

52 Je me suis souvenu de tes jugements d'autrefois,
Seigneur, et me suis consolé.

53 L' indignation s'est emparée de moi à cause des méchants qui abandonnent ta loi.

54 Tes statuts ont été mes chants Dans la maison de mon pèlerinage.

55 Je me souviens de ton nom dans la nuit,
Seigneur, et je garde ta loi.

56 Ceci est devenu le mien,
Parce que j'ai gardé tes préceptes.

57 Tu es ma part, ô Seigneur ;
J'ai dit que je garderais tes paroles.

58 J'ai imploré ta faveur de tout mon cœur;
Sois miséricordieux envers moi selon ta parole.

59 J'ai réfléchi à mes voies,
Et j'ai tourné mes pieds vers Tes témoignages.

60 Je me suis hâté et je n'ai pas tardé
Pour garder tes commandements.

61 Les cordes des méchants m'ont attaché,
Mais je n'ai pas oublié ta loi.

62 A minuit, je me lèverai pour te rendre grâce, à cause de tes justes jugements.

63 Je suis le compagnon de tous ceux qui te craignent,
Et de ceux qui gardent tes préceptes.

64 La terre, Seigneur, est pleine de ta miséricorde ;
Apprends-moi tes statuts.

65 Tu as bien traité ton serviteur,
Seigneur, selon ta parole.

66 Enseigne-moi le bon sens et la connaissance,
Car je crois en tes commandements.

67 Avant d'être affligé, je me suis égaré,
Mais maintenant je tiens ta parole.

68 Tu es bon et tu fais le bien ;
Apprends-moi tes statuts.

69 Les orgueilleux ont forgé un mensonge contre moi,
Mais je garderai tes préceptes de tout mon cœur.

70 Leur cœur est gras comme de la graisse,
Mais je me réjouis de ta loi.

71 Il est bon pour moi d'être affligé,
afin que je puisse apprendre tes statuts.

72 La loi de ta bouche est meilleure pour moi
Que des milliers de pièces d'or et d'argent.

73 Tes mains m'ont fait et m'ont façonné; Donne-moi la compréhension, que je puisse apprends tes commandements.

74 Ceux qui te craignent se réjouiront quand
ils me voient,
Parce que j'ai espéré en ta parole.

75 Je sais, Seigneur, que tes jugements sont justes,
Et qu'en fidélité tu m'as affligé.

76 Que, je prie, ta miséricorde soit pour
mon confort,
Selon ta parole à ton serviteur.

77 Que tes tendres miséricordes viennent à moi,
que je puisse vivre;
Car ta loi fait mon plaisir.

78 Que les orgueilleux aient honte,
Car ils m'ont traité injustement avec mensonge;
Mais je méditerai sur tes préceptes.

79 Que ceux qui te craignent se tournent vers moi,
Ceux qui connaissent Tes témoignages.

80 Que mon cœur soit irréprochable en ce qui concerne
Vos statuts,
Que je n'aie peut-être pas honte.

81 Mon âme s'évanouit pour ton salut,
Mais j'espère en ta parole.

82 Mes yeux manquent de chercher ta parole,
En disant : « Quand me consoleras-tu ?

83 Car je suis devenu comme une outre en fumée,
Pourtant je n'oublie pas tes statuts.

84 Combien sont les jours de ton serviteur ?
Quand exécuterez-vous le jugement sur
ceux qui me persécutent ?

85 Les orgueilleux ont creusé des fosses pour moi,
Ce qui n'est pas selon ta loi.

86 Tous tes commandements sont fidèles ;
Ils me persécutent à tort ;
Aide-moi!

87 Ils ont failli me tuer sur terre,
Mais je n'ai pas abandonné tes préceptes.

88 Ravive-moi selon ta bonté,
afin que je puisse garder le témoignage de ta bouche.

89 Pour toujours, ô Seigneur, ta parole est fixée dans le ciel.

90 Ta fidélité dure de génération en génération ;
Tu as établi la terre, et elle demeure.

91 Ils continuent ce jour selon
Vos ordonnances,
Car tous sont tes serviteurs.

92 A moins que ta loi n'eût été mon plaisir,
J'aurais alors péri dans mon affliction.

93 Je n'oublierai jamais tes préceptes,
Car par eux tu m'as donné la vie.

94 Je suis à toi, sauve-moi ;
Car j'ai recherché tes préceptes.

95 Les méchants attendent que je me détruise,

Mais je considérerai vos témoignages.

96 J'ai vu la consommation de toute perfection, Mais ton commandement est extrêmement large.

97 Oh, comme j'aime ta loi !
C'est ma méditation toute la journée.

98 Toi, par tes commandements, rends-moi plus sage que mes ennemis;
Car ils sont toujours avec moi.

99 J'ai plus de compréhension que tous mes maîtres,
Car Vos témoignages sont ma méditation.

100 Je comprends plus que les anciens,
Parce que je garde tes préceptes.

101 J'ai retenu mes pieds de toute voie mauvaise, afin que je puisse garder ta parole.

102 Je ne me suis pas écarté de tes jugements,
Car vous-même m'avez appris.

103 Comme tes paroles sont douces à mon goût,
Plus doux que le miel à ma bouche !

104 Par tes préceptes j'obtiens la compréhension; Par conséquent, je déteste toutes les fausses voies.

105 Ta parole est une lampe à mes pieds
Et une lumière sur mon chemin.

106 J'ai juré et confirmé
Que je garderai tes justes jugements.

107 Je suis très affligé ;
Fais-moi revivre, ô Seigneur, selon ta parole.

108 Accepte, je te prie, les offrandes volontaires de ma bouche, ô Seigneur, et enseigne-moi tes jugements.

109 Ma vie est sans cesse entre mes mains, mais je n'oublie pas ta loi.

110 Les méchants m'ont tendu un piège,
Pourtant je ne me suis pas écarté de tes préceptes.

111 Vos témoignages que j'ai pris comme
un héritage pour toujours,
Car ils sont la joie de mon cœur.

112 J'ai incliné mon cœur à accomplir tes statuts pour toujours, jusqu'à la fin.

113 Je déteste les doubles d'esprit,
Mais j'aime ta loi.

114 Tu es ma cachette et mon bouclier ;
J'espère en ta parole.

115 Éloignez-vous de moi, méchants,
Car je garderai les commandements de mon Dieu !

116 Soutiens-moi selon ta parole,
que je puisse vivre;
Et ne me laisse pas avoir honte de mon espérance.

117 Soutenez-moi, et je serai en sécurité,
Et j'observerai continuellement tes statuts.

118 Tu rejettes tous ceux qui s'éloignent de
Vos statuts, Car leur tromperie est un mensonge.

119 Tu écartes tous les méchants de la terre comme des scories; C'est pourquoi j'aime vos témoignages.

120 Ma chair tremble de peur de toi,
Et j'ai peur de tes jugements.

121 J'ai fait justice et justice;
Ne me laisse pas à mes oppresseurs.

122 Sois garant de ton serviteur pour le bien ;
Ne laisse pas les orgueilleux m'opprimer.

123 Mes yeux manquent de chercher ton salut et ta parole juste.

124 Agis envers ton serviteur selon ta miséricorde, Et enseigne-moi tes statuts.

125 Je suis ton serviteur ; Donne-moi la compréhension,
Pour que je connaisse Tes témoignages.

126 Il est temps pour toi d'agir, ô Seigneur,
Car ils ont considéré ta loi comme nulle.

127 C'est pourquoi j'aime tes commandements
Plus que l'or, oui, que l'or fin !

128 C'est pourquoi tous tes préceptes concernant
toutes les choses que je considère comme justes ;
Je déteste toutes les fausses voies.

129 Vos témoignages sont merveilleux ;
C'est pourquoi mon âme les garde.

130 L'entrée de tes paroles éclaire;
Il donne de la compréhension aux simples.

131 J'ai ouvert la bouche et j'ai haleté,
Car j'ai désiré tes commandements.

132 Regarde-moi et sois miséricordieux envers moi,
Comme Ta coutume est envers ceux qui aiment Ton nom.

133 Dirige mes pas par ta parole, Et qu'aucune iniquité ne domine sur moi.

134 Rachète-moi de l'oppression de l'homme,
Que je puisse garder tes préceptes.

135 Fais briller ta face sur ton serviteur,
Et enseigne-moi tes statuts.

136 Des fleuves d'eau coulent de mes yeux, Parce que les hommes n'observent pas ta loi.

137 Tu es juste, Seigneur,
Et droits sont tes jugements.

138 Tes témoignages que tu as commandés,
Sont justes et très fidèles.

139 Mon zèle m'a consumé,
Parce que mes ennemis ont oublié tes paroles.

140 Ta parole est très pure;
C'est pourquoi ton serviteur l'aime.

141 Je suis petit et méprisé,
Pourtant je n'oublie pas tes préceptes.

142 Ta justice est
une justice éternelle,
Et ta loi est la vérité.

143 Le trouble et l'angoisse m'ont pris,
Pourtant tes commandements sont mes délices.

144 La justice de tes témoignages est éternelle ;
Donne-moi la compréhension, et je vivrai.

145 Je crie de tout mon cœur;
Écoute-moi, ô Seigneur ! Je garderai tes statuts.

146 Je crie vers toi; Sauve-moi, et je garderai tes témoignages.

147 Je me lève avant l'aube,
Et crier au secours ; J'espère en ta parole.

148 Mes yeux sont éveillés pendant les veilles nocturnes, Afin que je puisse méditer ta parole.

149 Écoute ma voix selon ta bonté; Seigneur, fais-moi revivre selon ta justice.

150 Ils s'approchent de ceux qui poursuivent la méchanceté; Ils sont loin de Ta loi.

151 Tu es proche, ô Seigneur,
Et tous tes commandements sont vérité.

152 Concernant vos témoignages,
j'ai su depuis longtemps que
Vous les avez fondés pour toujours.

153 Considérez mon affliction et délivrez-moi,
Car je n'oublie pas ta loi.

154 Plaide ma cause et rachète-moi;
Ranime-moi selon ta parole.

155 Le salut est loin des méchants,
Car ils ne recherchent pas tes statuts.

156 Grandes sont tes tendres miséricordes, ô Seigneur ;
Ranime-moi selon tes jugements.

157 Nombreux sont mes persécuteurs et mes ennemis,
Pourtant, je ne me détourne pas de vos témoignages.

158 Je vois les traîtres, et je suis dégoûté, Parce qu'ils ne tiennent pas ta parole.

159 Considérez combien j'aime vos préceptes;
Fais-moi revivre, Seigneur, selon ta bonté.

160 Toute ta parole est vérité,
Et chacun de tes justes jugements dure pour toujours.

161 Les princes me persécutent sans cause,
Mais mon cœur est en admiration devant ta parole.

162 Je me réjouis de ta parole
Comme celui qui trouve un grand trésor.

163 Je déteste et déteste le mensonge,
Mais j'aime ta loi.

164 Sept fois par jour je te loue,
A cause de tes justes jugements.

165 Une grande paix a ceux qui aiment ta loi,
Et rien ne les fait trébucher.

166 Seigneur, j'espère ton salut,
Et je fais tes commandements.

167 Mon âme garde tes témoignages,
Et je les aime excessivement.

168 Je garde tes préceptes et tes témoignages,
Car toutes mes voies sont devant toi.

169 Que mon cri vienne devant toi, ô Seigneur !
Donne-moi la compréhension selon ta parole.

170 Que ma supplication vienne devant toi;
Délivre-moi selon ta parole.

171 Mes lèvres diront des louanges,
Car tu m'enseignes tes statuts.

172 Ma langue parlera de ta parole,
Car tous tes commandements sont justice.

173 Que ta main devienne mon aide,
Car j'ai choisi tes préceptes.

174 J'aspire à ton salut, Seigneur,
Et ta loi est mon délice.

175 Que mon âme vive, et elle te louera ;
Et que tes jugements m'aident.

176 Je me suis égaré comme une brebis perdue;
Cherche ton serviteur,
Car je n'oublie pas tes commandements.

PSAUME 120
UNE PRIÈRE POUR LA DÉLIVRANCE DE LA TROMPERIE

Un chant des ascensions.

1 Dans ma détresse, j'ai crié au Seigneur,
Et Il m'a entendu.

2 Délivre mon âme, Seigneur, des lèvres mensongères
Et d'une langue trompeuse.

3 Qu'est-ce qui vous sera donné,
Ou qu'est-ce qui vous sera fait,
Vous fausse langue?

4 flèches acérées du guerrier,
Aux charbons du genêt !

5 Malheur à moi, que j'habite à Méschec,
Que j'habite parmi les tentes de Kedar !

6 Mon âme a habité trop longtemps
Avec quelqu'un qui déteste la paix.

7 Je suis pour la paix ;
Mais quand je parle, ils sont pour la guerre.

PSAUME 148
LOUANGE AU SEIGNEUR DEPUIS LA CREATION

1 Louez le Seigneur ! Louez le Seigneur du haut des cieux; Louez-le dans les hauteurs !

2 Louez-le, tous ses anges;
Louez-le, toutes ses armées !

3 Louez-le, soleil et lune;
Louez-le, vous tous, étoiles de lumière !

4 Louez-le, cieux des cieux,
Et toi les eaux au-dessus des cieux !

5 Qu'ils louent le nom du Seigneur,
Car il a commandé et ils ont été créés.

6 Il les a établis pour toujours et à perpétuité;
Il a fait un décret qui ne passera pas.

7 Louez le Seigneur depuis la terre,
Vous, grandes créatures marines et toutes les profondeurs ;

8 Feu et grêle, neige et nuages;
Vent orageux, accomplissant sa parole;

9 Montagnes et toutes les collines ;
Arbres fruitiers et tous les cèdres ;

10 Les bêtes et tout le bétail ;
Les choses rampantes et les oiseaux volants ;

11 Rois de la terre et de tous les peuples ;
Princes et tous les juges de la terre ;

12 Les jeunes gens et les jeunes filles;
Vieillards et enfants.

13 Qu'ils louent le nom du Seigneur,
Car son nom seul est exalté ;
Sa gloire est au-dessus de la terre et du ciel.

14 Et il a exalté la corne de son peuple,
La louange de tous ses saints -
Des enfants d'Israël,
Un peuple proche de Lui.

Louez le Seigneur !

PSAUME 149
LOUEZ LE SEIGNEUR POUR SON SALUT ET SON JUGEMENT

1 Louez le Seigneur ! Chante au Seigneur un cantique nouveau,
Et sa louange dans l'assemblée des saints.

2 Qu'Israël se réjouisse en son Créateur ;
Que les enfants de Sion soient joyeux dans leur Roi.

3 Qu'ils louent son nom avec la danse;
Qu'ils lui chantent des louanges avec le tambourin et la harpe.

4 Car le Seigneur prend plaisir à son peuple;
Il embellira les humbles avec le salut.

5 Que les saints soient joyeux dans la gloire ;
Laissez-les chanter à haute voix sur leurs lits.

6 Que les louanges de Dieu soient dans leur bouche,
Et une épée à deux tranchants à la main,

7 Pour exercer la vengeance sur les nations,
Et des châtiments sur les peuples ;

8 Pour lier leurs rois avec des chaînes,
Et leurs nobles avec des chaînes de fer ;

9 Pour exécuter sur eux le jugement écrit -
Cet honneur a tous ses saints.

Louez le Seigneur !

PSAUME 66
LOUANGE POUR LES ACTIONS PUISSANTES DE DIEU

Au Chef Musicien. Une chanson. Un Psaume.

1 Faites un cri de joie à Dieu, toute la terre !

2 Chantez l'honneur de son nom;
Rendez sa louange glorieuse.

3 Dis à Dieu : « Comme tes œuvres sont impressionnantes !
Par la grandeur de ta puissance
Tes ennemis se soumettront à toi.

4 Toute la terre t'adorera
Et chante des louanges à Toi;
Ils chanteront des louanges à ton nom."
Selah

5 Venez et voyez les œuvres de Dieu;
Il est impressionnant dans ses actions envers les fils des hommes.

6 Il a changé la mer en terre sèche;
Ils ont traversé la rivière à pied.
Là, nous nous réjouirons en Lui.

7 Il règne par sa puissance pour toujours;
Ses yeux observent les nations ;
Ne laissez pas les rebelles s'exalter.
Selah

8 Oh, bénissez notre Dieu, vous les peuples !
Et fais entendre la voix de sa louange,

9 Qui garde notre âme parmi les vivants,
Et ne permet pas de bouger nos pieds.

10 Car toi, ô Dieu, tu nous as éprouvés ;
Vous nous avez raffinés comme l'argent est raffiné.

11 Tu nous as fait entrer dans le filet;
Tu as mis l'affliction sur notre dos.

12 Tu as fait chevaucher des hommes sur nos têtes;
Nous avons traversé le feu et l'eau ;
Mais Tu nous as fait sortir d'un riche accomplissement.

13 J'entrerai dans ta maison avec des holocaustes ;

Je Te payerai mes vœux,

14 Que mes lèvres ont prononcé
Et ma bouche a parlé quand j'étais en difficulté.

15 Je t'offrirai des holocaustes de bêtes grasses,
Avec le doux arôme des béliers;
J'offrirai des taureaux avec des chèvres.
Selah

16 Venez et écoutez, vous tous qui craignez Dieu,
Et je déclarerai ce qu'il a fait pour mon âme.

17 J'ai crié vers lui de ma bouche,
Et Il a été exalté avec ma langue.

18 Si je considère l'iniquité dans mon cœur,
Le Seigneur n'entendra pas.

19 Mais certainement Dieu m'a exaucé;
Il a écouté la voix de ma prière.

20 Béni soit Dieu,
Qui n'a pas détourné ma prière,
Ni sa miséricorde de ma part !

PSAUME 76
LE DIEU DE LA VICTOIRE ET DU JUGEMENT

Au Chef Musicien. Aux instruments à cordes.
Un Psaume d'Asaph. Une chanson.

1 En Juda, Dieu est connu ;
Son nom est grand en Israël.

2 A Salem aussi est son tabernacle,
Et sa demeure en Sion.

3 Là, il brisa les flèches de l'arc,
Le bouclier et l'épée de bataille.
Selah

4 Vous êtes plus glorieux et excellent
Que les montagnes de proie.

5 Les courageux ont été pillés;
Ils ont sombré dans leur sommeil ;
Et aucun des hommes puissants n'a trouvé l'usage de ses mains.

6 A ta réprimande, ô Dieu de Jacob,
Le char et le cheval furent plongés dans un sommeil mort.

7 Toi, toi-même, tu es à craindre;
Et qui peut se tenir en ta présence
Quand une fois tu es en colère ?

8 Tu as fait entendre du ciel le jugement;
La terre craignait et était immobile,

9 Quand Dieu se leva pour le jugement,
Pour délivrer tous les opprimés de la terre.
Selah

10 Certainement la colère de l'homme te louera;
Avec le reste de la colère
Tu te ceindras.

11 Faites des vœux à l'Éternel, votre Dieu, et payez-les;
Que tous ceux qui l'entourent apportent des cadeaux à
Celui qu'il faut craindre.

12 Il retranchera l'esprit des princes;
Il est impressionnant pour les rois de la terre.

CHAPITRE 17

MA LETTRE AUX PARENTS :

ÉDUQUEZ VOS ENFANTS

Chers parents,

En tant que parent, avez-vous déjà imaginé pourquoi Dieu vous a donné vos enfants ? Savez-vous qu'il y a des gens qui cherchent des enfants depuis de nombreuses années et qui n'ont pas été bénis avec le fruit de l'utérus ?

"Voici, les enfants sont un héritage de l'Éternel, Le fruit des entrailles est une récompense. Comme des flèches dans la main d'un guerrier, Ainsi sont les enfants de sa jeunesse. Heureux l'homme qui en a plein son carquois; Ils n'auront pas honte, mais parleront avec leurs ennemis dans la porte. (Psaume 127:3-5.)

Savez-vous que les enfants viennent du Seigneur et qu'il vous a donné vos enfants pour que vous puissiez bien prendre soin d'eux ? Savez-vous que le Seigneur ne sera pas heureux avec vous s'il vous a béni avec des enfants et que vous n'avez pas pris soin d'eux comme il se doit ?

"Et vous, pères, ne provoquez pas la colère de vos enfants, mais élevez-les dans la formation et l'exhortation du Seigneur." (Éphésiens 6:4)

Si vous êtes un parent ou un tuteur, veuillez prendre bien soin de vos enfants ou de ceux qui vous sont confiés, car il y a d'énormes bénédictions du Seigneur lorsque vous le faites. Même s'ils ne sont pas vos propres enfants, tant qu'ils sont sous votre garde, prenez soin d'eux et faites-le pour le Seigneur qui vous récompensera en conséquence.

"Formez un enfant dans la voie qu'il doit suivre, Et quand il sera vieux, il ne s'en écartera pas." (Proverbes 22:6)

En tant que parent, ne manquez pas de prendre soin de vos enfants et de les éduquer quelles que soient les circonstances dans lesquelles vous vous trouvez. Vous devez apprendre à sacrifier beaucoup de choses pour pouvoir éduquer correctement vos enfants. Vous devez apprendre à vous débarrasser de certains plaisirs inutiles pour pouvoir vous occuper correctement de vos enfants et les envoyer à l'école.

« *Prenez garde de ne mépriser aucun de ces petits, car je vous dis que dans les cieux leurs anges voient toujours le visage de mon Père qui est aux cieux.* »
(Matthieu 18:10)

Si en tant que parent vos propres parents ne vous ont pas envoyé à l'école quand vous étiez jeune, ne transférez pas une telle rancune à vos propres enfants et refusez de les envoyer à l'école simplement parce que vos propres parents ne pourraient pas vous éduquer pendant votre temps libre. Les temps ont changé et les choses ont changé. Nous ne sommes plus dans l'ancien temps, alors ne laissez pas les erreurs de vos propres parents affecter vos propres enfants. Ils ont fait le leur et sont probablement allés rejoindre leurs ancêtres, alors assumez vos propres responsabilités envers vos propres enfants.

Si chaque enfant né à la surface de cette terre est correctement formé et éduqué avec de bonnes valeurs morales et une bonne étiquette, la violence, la haine et la décadence morale dans notre société d'aujourd'hui seront considérablement réduites au strict minimum. Si chaque enfant est bien formé pour inculquer de bonnes valeurs morales, la société sera bien meilleure et plus sûre pour nous tous.

En tant que parent, si vous savez que vous ne pouvez pas prendre soin de vos enfants, s'il vous plaît, ne les amenez pas dans ce monde pour qu'ils souffrent. Si vous savez que vous n'êtes pas capable, ne vous exercez pas au-dessus de vos capacités. De nombreuses personnes souffrent aujourd'hui de l'incapacité de leurs parents à les former ou à les envoyer à l'école même lorsque ces parents avaient l'argent mais ils ont refusé par ignorance, sciemment ou inconsciemment d'envoyer leurs enfants à l'école ou de planifier l'avenir de ces enfants. .

L'unité familiale est la plus petite unité de toute société et c'est la racine de la société parce que tout ce qui affecte la famille affectera en fin de compte la société dans son ensemble. Si la famille est stable et moralement saine, elle finira par déteindre sur la société dans son ensemble, car il ne peut jamais y avoir de société sans la famille.

En tant que parent, votre priorité dans la vie devrait être de bien prendre soin de vos enfants, de leur inculquer de bonnes valeurs morales, de les former à la voie du Seigneur et de les envoyer dans les meilleures écoles ou dans n'importe qui d'autre. Vous devez comprendre que c'est un commandement du Seigneur que les parents doivent prendre soin de leurs enfants.

"Mais si quelqu'un ne pourvoit pas aux siens, et surtout à ceux de sa maison, il a renié la foi et est pire qu'un incroyant." (1er Timothée 5:8)

Si le Seigneur vous a béni avec des enfants et que vous avez refusé de vous en occuper malgré que vous en ayez les moyens, le Seigneur ne sera pas content de vous et cela peut même bloquer beaucoup de bénédictions et vous fermer beaucoup de portes .

« A ce moment-là, les disciples s'approchèrent de Jésus, disant ; « Qui donc est le plus grand dans le royaume des cieux ? Alors Jésus appela un petit enfant à lui, le plaça au milieu d'eux, et dit: « En vérité, je vous le dis, à moins que vous ne deveniez comme les petits enfants, vous en aucun cas entrer dans le royaume des cieux. Par conséquent , celui qui s'humilie comme ce petit enfant est le plus grand dans le royaume des cieux. Celui qui reçoit un petit enfant comme celui-ci en mon nom me reçoit. Celui qui fait pécher un de ces petits qui croient en moi, il vaudrait mieux pour lui si une meule a été suspendue autour de son cou, et il s'est noyé dans les profondeurs de la mer. " (Matthieu 18:1-6)

En tant que parent, vous devez comprendre que l'éducation est le meilleur héritage que vous puissiez laisser à vos enfants. Vous pouvez laisser des hectares de terres, des propriétés foncières et des maisons ou des hôtels particuliers pour vos enfants ; oui, c est bien et louable, mais l éducation est le meilleur héritage et le meilleur investissement que vous puissiez donner à vos enfants.

Lorsque vous leur donnez une éducation et une formation pour acquérir des compétences précieuses, vous leur avez automatiquement appris comment attraper le poisson qui les nourrira pour le reste de leur vie, au lieu de leur donner du poisson par vous-même. Un enfant sans éducation et éducation appropriées peut gaspiller ou mal gérer les biens laissés par ses parents, mais celui qui a une solide formation, à la fois moralement, spirituellement et académiquement, ne le fera pas.

Donc, peu importe les circonstances, en tant que parent, efforcez-vous d'éduquer vos enfants. Ce n'est pas toujours rose pour tout le monde à tout moment. Il y aura sûrement des défis le long de la ligne, mais vous ne devez jamais abandonner. Vous devez investir dans l'avenir de vos enfants et lorsqu'ils seront grands, les choses deviendront plus faciles grâce aux fondations que vous avez posées pour eux. Et d'ici là, vous verrez que vous aurez même la paix et la tranquillité d'esprit en sachant que vos enfants sont dans les meilleures positions.

En faisant cela, que le Seigneur vous bénisse abondamment. Puisse-t-il vous envoyer de l'aide du Sanctuaire. Le Seigneur vous bénira et multipliera vos finances au nom de Jésus. Amen. En faisant cela, le Seigneur vous ouvrira de nouvelles portes de grâce, de miséricorde et de faveur au nom de Jésus. Ces enfants grandiront et deviendront de bons citoyens et deviendront utiles à votre famille et à la société en général.

La paix du Seigneur soit avec vous au nom de Jésus. Amen.

Cordialement,

Tayo Demola

Lagos, Nigéria

23 décembre 2019.

CONSULTATION, CONSEIL ET PRIERE

Y a-t-il un domaine de votre vie où vous avez besoin que le Seigneur vous rende visite et fasse un miracle dans votre vie ?

Est-ce dans votre entreprise, votre vie, vos relations, votre mariage, votre santé, votre famille, vos finances ou tout autre domaine de la vie ?

Êtes-vous malade d'une maladie ou d'une maladie ?

Avez-vous besoin d'une guérison surnaturelle pour un mal ou une maladie?

Croyez-vous que notre Seigneur Jésus-Christ peut le faire pour vous ?

Le Seigneur Jésus-Christ touchera positivement votre vie et vous bénira. Amen.

Pour des consultations , des conseils et des prières, W hatsapp Prophet Tayo au +2348038029 980 ou envoyez un mail à prophettayo447 @gmail.com

Que Dieu te bénisse.

PARTENAIRE AVEC MOI

Avez-vous été béni par ce livre?

Voudriez-vous vous associer à moi pour répandre l'évangile de notre Seigneur Jésus-Christ dans le monde entier ?

Souhaitez-vous soutenir notre travail de guérison des malades, de délivrance des opprimés et de libération des captifs ?

Voudriez-vous faire un don et semer une graine dans mon ministère pour soutenir l'œuvre de Dieu ?

Si tel est le cas, envoyez-moi un e-mail via prophettayo447@gmail.com ou discutez-moi sur Whatsapp +2348038029980.

Ce faisant, que le bon Dieu vous bénisse et vous multiplie abondamment au nom de Jésus. Amen.

VEUILLEZ DÉPOSER UN AVIS

Avez-vous aimé lire ce livre ? Avez-vous été béni par le contenu de ce livre?

Veuillez déposer une critique de ce livre sur votre boutique en ligne préférée et laissez-nous savoir ce que vous pensez du livre.

Que Dieu vous bénisse comme vous le faites au nom de Jésus. Amen.

A PROPOS DE L'AUTEUR

Le prophète Tayo Demola est un homme aux multiples facettes ; un Nigérian aux multiples talents et une lueur d'espoir pour des millions de personnes, ayant inspiré de nombreuses personnes via ses livres, ses enseignements et ses écrits.

Il est prophète du Dieu Très-Haut, évangéliste guérisseur, pasteur, militant des droits de l'homme, coach relationnel, éditeur, éditeur, chanteur, auteur-compositeur, artiste gospel et entrepreneur. Il a motivé et impacté la vie de millions de Nigérians de divers horizons grâce à ses messages et ses écrits de motivation puissants.

Il est l'auteur de plusieurs livres, dont certains sont Passions of Love, Success Golden Principles, Motivations For Success, 30 Habits That Destroy Relationships, entre autres.

Il est prophète et ministre de l'évangile de notre Seigneur Jésus-Christ, rempli du Saint-Esprit et du don des langues parmi plusieurs autres dons spirituels.

Il a été appelé par notre Seigneur Jésus-Christ comme prophète et serviteur du Dieu Très-Haut auprès des nations pour l'émancipation spirituelle du peuple et le salut de l'humanité.

www.ingramcontent.com/pod-product-compliance
Lightning Source LLC
Chambersburg PA
CBHW060847220526
45466CB00003B/1271